Ausgewählt und herausgegeben von Nea Weissberg

# Halle ist überall

## Stimmen jüdischer Frauen

Lichtig Verlag

# IMPRESSUM

ISBN: 978-3-929905-42-7
© Lichtig-Verlag, Berlin 2020. Alle Rechte vorbehalten.
Kein Teil des Buches, weder die Texte noch die Fotos, darf ohne schriftliche Genehmigung des Lichtig Verlags vervielfältigt oder verbreitet werden. Unter dieses Verbot fällt auch die Aufnahme in elektronische Datenbanken und die Vervielfältigung auf CD-ROM.
www.lichtig-verlag.de

Coveridee: Nea Weissberg
Covergestaltung, Layout, Scans, Coverfotos und Druck:
Franz Pruckner Grafische Werkstatt
Foto: „Schaddai שׁדּי", gläserner Jugenstil - Briefbeschwerer.
Frau Beate Niemann übergab das Objekt einem jüdischen Haushalt,
im Sinne von etwas „zurückgeben".
Foto: Gläserner Kiddusch Becher, Privatbesitz, 1955
Foto S.3: Hand der Miriam, Grafische Werkstatt
Fotos S.38, 47, 77, 88, 92, 96, 105, 114, 120, 136, 145, 152, 157 und Lektorat: Sharon Adler
Korrektorat: Alexandra Jacobson
Graphik S.19: „Reichsweite Gewaltausschreitungen am 9.11.1938". Eva Diamantstein

Für die hier im Buch „Halle ist überall – Stimmen jüdischer Frauen" abgedruckten Abbildungen, Fotos, Dokumente, Objekte im Privatbesitz und für die Textbeiträge hat der Lichtig Verlag die Autorisierung der Autorinnen erhalten.

Für den Inhalt der Artikel sind die jeweiligen Autorinnen verantwortlich.
Die hier abgedruckten Beiträge der Autorinnen geben deren Auffassungen wieder. Der Lichtig Verlag hat keine Vereinheitlichung der Sprachregelungen mit Blick auf eine geschlechtergerechte Sprache vorgegeben und macht sich die Äußerungen der Verfasserinnen nicht automatisch zu eigen.

EUR 20,00 €

*Meiner Tochter Janina in Liebe gewidmet,*
*der ich ein Leben in Sicherheit wünsche.*

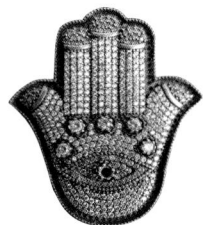

## DANKSAGUNG

Wir danken allen am Projekt beteiligten Frauen für ihre individuellen Beiträge und für das Vertrauen, das sie uns entgegengebracht haben.

*Sharon Adler & Nea Weissberg*

Mein ganz besonderer Dank gilt der Journalistin Alexandra Jacobson, die das Projekt am Ende zusammengehalten und wesentlich mit ihrem Korrektorat dazu beigetragen hat, dass das Buch „Halle ist überall – Stimmen jüdischer Frauen" im vorgesehenen zeitlichen Rahmen gedruckt werden konnte.

*Nea Weissberg im Juni 2020*

# INHALTSVERZEICHNIS

Der Name „Schaddai ‏שדי‏" ist ein Akrostichon[1], bestehend aus den Buchstaben Shin, Dalet, Jod. Es ist ein Synonym für G'tt[2]. Der Begriff Schaddai ‏שדי‏" ist zusammengesetzt aus dem hebräischen Satz „‏ש‏Shomer ‏ד‏Daltot ‏י‏Israel" und heißt übersetzt: „Hüter der Türen Israels".

## VORWORT

Der Anschlag an Yom Kippur, dem höchsten jüdischen Feiertag, auf die Synagoge der Jüdischen Gemeinde Halle (Saale) K.d.ö.R. hatte für Juden und Jüdinnen in Deutschland eine ganz besondere Dimension. Die Betenden in der Synagoge wollten der Heiligkeit des Versöhnungstages gedenken – aber das Attentat mit seiner zerstörerischen, potentiell tödlichen Gewalt[3] rief bei einigen Assoziationen hervor, die an den 9. November 1938 oder an die Shoah erinnern.

---

1 Akrostichon ist ein Text, bei dem die Anfangsbuchstaben,-silben oder -wörter ein Wort oder einen Satz ergeben.

2 G'tt ist eine vermeidende Schreibweise für das Wort Gott im Judentum. Der heilige Höchste ist weder mit Worten noch mit Bildern darzustellen.

3 Die Betenden in der Synagoge überlebten den Angriff, doch dem Attentäter gelang es, zwei Menschen außerhalb der Synagoge zu töten: die 40-jährige Jana L. und den 20-jährigen Kevin S.

Wenn ein Mensch allein in seiner Gedankenperspektive verharrt, verbindet sich diese mit Angst. Es wird Zeit, nicht bloß daran zu denken, sondern darüber zu schreiben. Ich habe den Frauen als Initiatorin der Anthologie die Freiheit gelassen, über sich, über ihr Leben, über den Anschlag in Halle und über ihr Aufwachsen in einem teils nichtjüdischen Umfeld zu erzählen. In diesem Buch schreiben Töchter der ersten, zweiten und dritten Generation[4], deren Erfahrungen ich authentisch abbilden und ihre innere und äußere Stärke sichtbar machen wollte.

Die Journalistin und Fotografin Sharon Adler und ich haben in Gesprächen den Autorinnen das Projekt vorgestellt, manchmal reichte schon allein der Buchtitel „Halle ist überall" als Impuls aus. Es schien so, als ob viele darauf gewartet hätten, ihre Gedanken und Gefühle zu Papier zu bringen.

An dieser Anthologie „Halle ist überall" beteiligen sich 20 Frauen und äußern sich zu ihrer Sorge, Angst und Empörung an jenem Tag, dem 9. Oktober 2019, und über ihr Leben, das in irgendeiner Form mit Antisemitismus in Berührung kam. Die Vielfalt ist groß: Die Autorinnen haben verschiedene Berufe und politische Haltungen und auch ihre religiösen Einstellungen zum Judentum sind unterschiedlich. Mit Luba Meyer ist eine Autorin vertreten, die den antisemitischen Angriff am Yom Kippur als Beterin in der Synagoge in Halle selbst miterlebt hat.

Gefragt danach, ob es Erinnerungsstücke gibt, die für das Jüdisch-Sein der Frauen stehen, runden sie ihren Beitrag jeweils mit einer entsprechenden Abbildung ab.

Warum 20 Frauen? Die Zahl 20 ist die Summe aus 13 plus 5 plus 2. Die Zahl 2 steht für die beiden Gesetzestafeln, 5 sind die Bücher der Tora (fünf Bücher Mose) und 13 sind die Gnadeneigenschaften G'ttes. Insbesondere in der Zeit zwischen Rosh ha Schana (Neujahrsfest) und Yom Kippur (Versöhnungstag) werden die 13 göttlichen Attribute der Barmherzigkeit (Middot shel Rachamim), die G'tt Mosche Rabbenu offenbart hat (2. Buch Mose 34, 6-7) rezitiert. Ihnen wird eine Wirkungsmacht zugeschrieben, so sollen laut Vorstellungskraft die Middot vom Himmel zu den Menschen herabsteigen. Und G'tt entscheidet, wem er die Tore der Barmherzigkeit öffnet und wen er weiter in das Buch des Lebens einschreibt. In das Buch des Lebens eingetragen zu werden, ist neben der Versöhnung mit G'tt die Hauptintention des Yom Kippur Tages.

---

4  Bei jüdischen Familien wird zwischen der zweiten Generation (Second Generation) und den Child Survivors, unterschieden: Die Child Survivors waren vom Tage ihrer Geburt an durch das NS-Vernichtungsprogramm existentiell bedroht. Sie lebten in unaufhörlicher Lebensgefahr, denunziert, gefangen und getötet zu werden. In Europa sind 1,5 Millionen jüdische Kinder ermordet worden, somit wurde der natürliche Fortgang von Generation zu Generation gewaltsam unterbrochen. Neue Generationenzählung in jüdischen Familien: Die Kinder von Shoah-Überlebenden werden als „zweite Generation" und die Enkelkinder als „dritte Generation" benannt.

Konträr dazu steht, dass der Attentäter gleichzeitig von außen in die Synagoge eindringen wollte – er schoss auf die Holzeingangstür und warf Sprengsätze – um so vielen Menschen wie möglich das Leben zu rauben. Der Anschlag auf die Synagoge in Halle bestürzte uns, weil, wie der Buchtitel lautet, Halle überall sein kann. In ihren Beiträgen bringen die Autorinnen aber auch Mut, Zuversicht, Widerstandsgeist und Dialogbereitschaft zum Ausdruck. Die Juden und Jüdinnen aus Halle waren positiv überrascht und dankbar, wieviel Anteilnahme ihnen entgegengebracht wurde.

Nach Fertigstellung unseres Buchprojektes erhielt die reformjüdische Synagogengemeinde in Halle-Trotha einen volksverhetzenden Hassbrief von einer „Nationalen Freiheitspartei", daher soll das Gebäude ab sofort Schutzmaßnahmen erhalten. Und auf dem Gehweg vor dem Gebäude der Jüdischen Gemeinde Halle (Saale) lagen zwei Hakenkreuze aus Zellstoff. Die nachträgliche Wirksamkeit rechtsextremer völkisch-nationalistischer Ideologie ist weiterhin bedrohlich. Daher brauchen wir einen Staat und eine Gesellschaft, die solidarische Präsenz bei der couragierten Gegenwehr gegen Antisemitismus und Rassismus zeigen. Viele kleine Synagogen und jüdische Gemeinden erhalten bis heute keinen ausreichenden Schutz vom deutschen Staat.

„Denn die Shoah ist Teil deutscher Geschichte und Identität. Auf diesen demokratischen Konsens haben sich meine Vorgänger an dieser Stelle berufen können. Es war ein langer, jahrzehntelanger, von Widerständen und Rückschlägen begleiteter Prozess. Viele Deutsche meiner Generation haben nur dank dieser Aufarbeitung ihren Frieden mit dem eigenen Land machen können (...) Wir dachten, der alte Ungeist würde mit der Zeit vergehen. Aber nein: Die bösen Geister der Vergangenheit zeigen sich heute in neuem Gewand." (Zitat aus der Rede des Bundespräsidenten Frank Walter Steinmeier am 29. Januar 2020 anlässlich der Gedenkfeier des Bundestages für die Millionen Opfer des Nationalsozialismus.)

Wir alle möchten uns in Deutschland sicher, willkommen und beschützt fühlen können.

Nea Weissberg im Juni 2020

# Halina Birenbaum

## SAVED – GERETTET

Fragmente hervorgeholter
verkrümmter Wirklichkeit
elende Vergangenheit
scheinbar unnötig
durch ein Wunder aufgestöberte Überreste
aus Asche der verschütteten Ruinen
nicht verstanden, nicht benannt
auch bei uns nicht anerkannt
weil scheinbar schwach – wehrlos
anscheinend schon veraltet
übertrieben beschrieben
aber gefährlich wie einst
nicht vorübergehend
– in Deutschland ungestraft
wieder erinnert

*Halle, 2019*

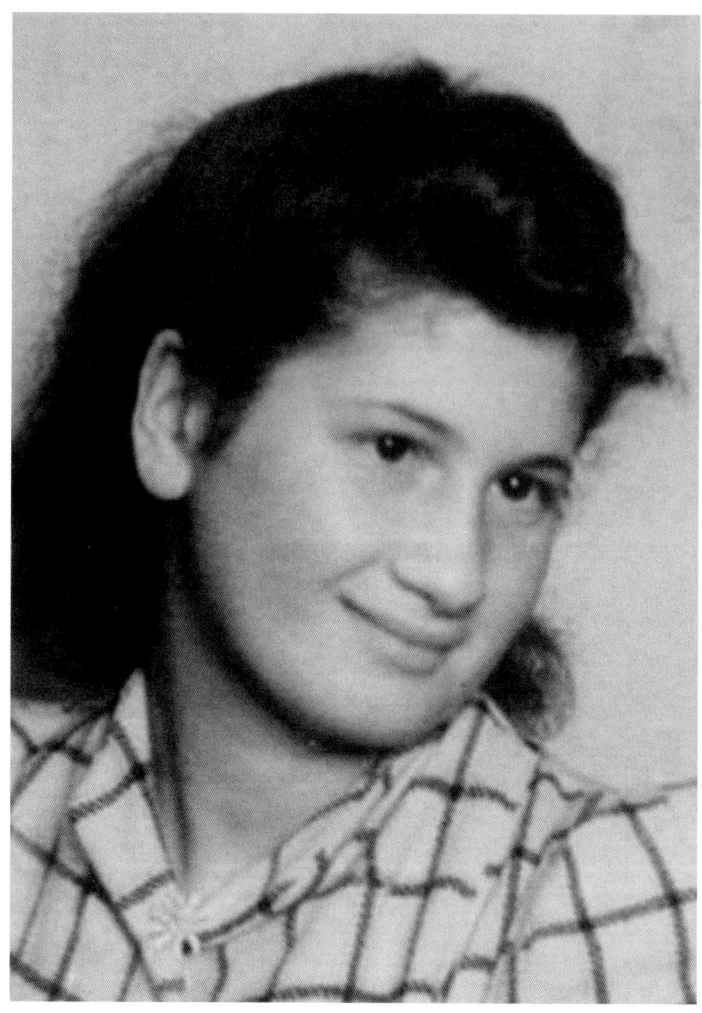

**Halina Birenbaum,** als Tochter von Jakub und Pola Grynsztejn am 15. September 1929 in Warschau geboren, wurde nach dem deutschen Überfall auf Polen am 1. September 1939 gemeinsam mit ihren Eltern und zwei Brüdern in das Warschauer Ghetto eingepfercht. Im Juli 1943 inhaftiert, wurde sie in das Konzentrations-und Vernichtungslager Majdanek und anschließend nach Auschwitz-Birkenau deportiert. Halinas Mutter ist in Majdanek, ihr Vater im Vernichtungslager Treblinka ermordet worden. Halina überlebte den Todesmarsch, die Rote Armee befreite die Fünfzehnjährige am 2. Mai 1945 in Neustadt-Glewe, einem Außenlager des Frauen-Konzentrationslagers Ravensbrück. Im Dezember 1947 emigrierte sie mit Chaim Birenbaum nach Palästina-Eretz Israel. Das Paar heiratete 1950 und bekam zwei Söhne. Halina Birenbaum schreibt und publiziert in Polnisch und Hebräisch.

Übersetzung aus dem Jiddischen: Nea Weissberg.

PAŃSTWOWE MUZEUM W OŚWIĘCIMIU
ARCHIWUM

33

Grynsztejn Hala          geb.?
Staatsangehörigkeit:      eh. Polen - Jüd.

Nr.: 48693

Beschäftigt gewesen als:

Bürstenmacherin

Im Lager verwendet als:

Kommando:

Arbeitsmässige Veranlg.:
Berichtigungen:

Entlassen:

Überstellung:

| am: | wohin: |
|---|---|
|  |  |
|  |  |
|  |  |
|  |  |
|  |  |

**Halina Birenbaum**, geborene Grynsztejn Hala, erzählt: „Das Dokument Nr. 48693 ist meine „Eintrittskarte" in Auschwitz-Birkenau im Juli 1943. Ich war damals 13 Jahre alt. Ich habe mich als „arbeitsfähige" Siebzehnjährige ausgegeben und als Beruf Bürstenmacherin angegeben, um der drohenden „Selektion" zu entgehen. Die deutschen „Herrenmenschen" hatten wohl ihre Zweifel, deshalb steht beim Geburtsdatum ein Fragezeichen. Einen großen Teil der Dokumente hat die SS im Januar 1945 verbrannt, um Spuren zu verwischen. Doch bei den von den Sowjets beschlagnahmten Akten war auch meine Karteikarte darunter. Sie haben viele Jahre später ein Konvolut an Unterlagen dem Auschwitz-Birkenau Memorial Museum übergeben. So erhielt auch ich den Beleg meiner damaligen Existenz im Vernichtungslager."

Übersetzung aus dem Jiddischen: Nea Weissberg.

# Nea Weissberg

# Welche Zeitgeschichten erinnern wir?

## Der 9. November – ein Tag der Schande, ein Tag der Freude

Am 9. November 1989 gingen wir zur musikalischen Lesung „Ich hab' im Traum geweinet" ins Kreuzberger Hebbel-Theater. Der Abend war eine Gedenkstunde an die Gewaltexzesse während der „Reichskristallnacht"[1] mit dem Schauspieler Udo Samel und dem Pianisten Alan Marks. Samels expressive Schauspielkunst berührte mich sehr, weil er so bewegend die Fassungslosigkeit und Bestürzung über das grauenvolle Geschehen darstellte. Marks begleitete dieses Gefühl der Erschütterung auf dem Klavier. So eingetaucht in die deutsch-jüdische Vergangenheit verließen wir nach der Veranstaltung das Theater. Unerwartetes Stimmengewirr von aufgewühlt durcheinanderlaufenden Menschen überfiel mich. In den Händen hielten Passanten flatternde Plastetüten[2], die auf mich wie wehende Fahnen wirkten. In meinem Kopf-Kino tauchten Menschen mit blassen Gesichtern auf, die sich lautstark bemerkbar machten. Ich fühlte mich plötzlich unbehaglich, ich dachte, dass ich mich in einer rückwärtsgewandten Zeitebene und nicht in der Wirklichkeit befände. Ich fragte mich, ob dieses mich überraschende Gefühl vom gerade erlebten Theaterabend oder von der Straßenszene ausgelöst wurde. Was war los mit mir?

Ich erinnerte mich an unser deutsches Kindermädchen aus Kindheitstagen, die uns erzählte, dass sie am 10. November 1938 nach der „Kristallnacht" Scherbenteppiche mit scharfen Glassplittern und auseinandergebrochene Kristall-Glaskaskaden auf den Bürgersteigen Königsbergs gesehen hätte. Im Schaukasten eines Ladens, der Juden gehörte, habe sie das mit einem höhnischen Kommentar versehene Bild einer ihrer Tanten entdeckt.

Es war eine Strafe dafür, dass diese trotz des Gebots, „Deutsche! Wehrt Euch! Kauft nicht bei Juden!" dort eingekauft hatte. Sie wohnte in der Nähe der Königsberger „Neuen Synagoge" und sah am 9. November 1938 wie diese brannte, wie Geschäfte verwüstet, Wohnungen geplündert, Menschen verprügelt, Schaufenster mit langen Eisenstangen zerschlagen wurden…

---

1    Ich wähle in meinem Artikel bewusst den diskutierbaren Terminus „Reichskristallnacht", weil er die Zerstörung drastischer und bildhafter wiedergibt als der Begriff „Reichspogromnacht", dieser Fachterminus erscheint mir als eine Nivellierung der antijüdischen terroristischen Mordanschläge. „Reichspogromnacht" vom 9.11.-10.11.1938: Terrorinstrumente der NSDAP, SA, Gestapo und SS verschleppten 30.000 Juden in KZs und ermordeten an die 1.500 Juden. Kästner, Erich: „Die Nacht der Scherben" in „Sonderbares vom Kurfürstendamm. Berliner Beobachtungen." S. 164-167, Zürich 2019.

2    Es gab einseitig bedruckte Plastetüten mit politischen FDJ Motiven von DDR-Betrieben oder Firmenjubiläen.

## Auch ein 9. November

Woher kamen die Menschen an diesem Abend, als wir das Theater verließen? Warum waren sie so aufgeregt? Wir fragten Passanten und erfuhren, dass die Grenze geöffnet sei. Politbüromitglied Günter Schabowski habe am frühen Abend des 9. November kurz vor 19 Uhr auf einer live im DDR-Fernsehen übertragenen Pressekonferenz eine ihm gerade erst vom Politbüromitglied Egon Krenz zugeschobene Zettelnotiz stockend abgelesen. Demnach sei das vielfach herbeigewünschte und schwer erkämpfte Recht auf Reise- und Bewegungsfreiheit erlaubt. Geregelt wurde, dass Privatreisen ins Ausland ab sofort „ohne Vorliegen von Voraussetzungen, Reiseanlässen und Verwandtschaftsverhältnissen" beantragt werden könnten. Die Kraft, die diese Nachricht über die Reisefreiheit auslöste, ließ sich nicht mehr stoppen. Die Öffnung der Berliner Mauer war eine welthistorische Sensation. Familien, auch einzelne Menschen aus Ost-Berlin, waren zu Fuß, viele auch mit ihren knatternden, hupenden, nach Abgas stinkenden Trabis[3] unterwegs. Fassungslos begeisterte Ostdeutsche lagen sich in den Armen, weinten Freudentränen. West-Berliner begrüßten sie freudig als ihre Brüder und Schwestern.

Fremde umarmten sich spontan. Die einerseits euphorische, andererseits bizarr wirkende Volksfeststimmung griff allmählich auch auf mich über. Wir liefen durch die Stadt von der Stresemannstraße bis zum Grenzübergang Heinrich-Heine-Straße[4]. Am nächsten Tag erlebten wir die begeisterte Stimmung am Brandenburger Tor. Einige Leute schwenkten auf dem Brückenpfeiler stehend Deutschlandfahnen. Einerseits war ich fasziniert von der enthusiastisch-energievollen Freiheitsdynamik, die ich auf den Straßen West- und Ost-Berlins wahrnahm. Andererseits war ich mir des zeitlichen Zusammenfalls zweier Ereignisse bewusst. Die Gleichheit des Datums – 9. November – stimmte mich an diesem Abend nachdenklich. Ich fragte mich was passiert jetzt in der west- und ostdeutschen Mehrheitsgesellschaft? Ist es die Mehrzahl der wiedervereinten Deutschen leid, an die „Reichskristallnacht" erinnert zu werden? Einige erleben den Blick auf die so ferne (?), längst vergangene NS-Zeit als bleischwer. Wird der 9. November 1938 von dem im Jahr 1989 weit weg an den Rand gedrängt?[5]

In der „Reichskristallnacht" vom 9. auf den 10. 11.1938 eskalierte die antijüdische Diffamierung zu reichsweiten Gewaltausschreitungen.                    ⟶

---

3   Der Trabi, Kurzform für Trabant, wurde ab 1957 produziert.

4   Es gab sieben verschiedene Straßen-Grenzübergänge und einen Bahnübergang für Bürger aus West-Berlin, der BRD und dem Ausland.

5   Eberhard Diepgen (1984 bis Anfang 1989 und 1991 bis 2001 Regierender Bürgermeister von West-Berlin) rief z.B. zeitnah dazu auf, „1990 ganz groß den 9. November 1989 zu feiern".

Berlin, Berlin Köthen Sachsen Anhalt, Dresden Sachsen, Baden-Baden Baden Württemberg, Fürth Bayern, München Bayern, Hamburg Hamburg, Pirna Sachsen, Werther NRW, Heppenheim Hessen, Düsseldorf NRW, Linz Oberösterreich, Königsberg Polen, Zeven Niedersachsen, Darmstadt Hessen, Radebeul Sachsen, Brühl NRW, Nürnberg Bayern, Heilbronn Baden Württemberg, Hanau Hessen, Marburg Hessen, Bebra Hessen, Münster NRW, Duisburg NRW, Kassel Hessen, Bamberg Bayern, Pfaffen-Beerfurth Hessen, Limburg Hessen, Dinslaken NRW, Niederberg Österreich, Hilden NRW, Karlsruhe Baden Württemberg, Rees NRW, Offenbach Hessen, Solingen NRW, Wesseling NRW, Müncheberg Brandenburg, Weiterstadt Hessen, Nordhausen Thüringen, Leipzig Sachsen, Aachen NRW, Wesel NRW, Dessau Sachsen Anhalt, Sinzig Rheinland-Pfalz, Chemnitz Sachsen, Freiburg Baden Württemberg, Bremen Bremen, Potsdam Brandenburg, Usingen Hessen, Tiengen Baden-Württemberg, Norden Niedersachsen, Grünstadt Rheinland-Pfalz, Hof Bayern, Frankfurt/Main Hessen, Halle Sachsen-Anhalt, Erfurt Thüringen, Kempen NRW, Homburg Saarland, Frankfurt (Oder) Brandenburg, Rostock Mecklenburg-Vorpommern, Sögel Niedersachsen, Annaberg Sachsen, Villach Österreich, Verl NRW, Lörrach Baden Württemberg, Bad Hersfeld Hessen, Worms Rheinland-Pfalz, Seeheim-Jugenheim Hessen, Steinfurt-Burgsteinfurt NRW, Korbach Hessen, Karlstadt Bayern, Künzelsau Baden-Württemberg, Xanten NRW, Schmalkalden Thüringen, Villmar Hessen, Oldenburg Niedersachsen, Zwingenberg Hessen, Speyer Rheinland-Pfalz, Hadamar Hessen, Lahnstein Rheinland-Pfalz, Hameln Niedersachsen, Magdeburg Sachsen-Anhalt, Ulm Baden-Württemberg, Lübeck Schleswig-Holstein, Hamm NRW, Bielefeld NRW, Wilthen Sachsen, Zwickau Sachsen, Bautzen Sachsen, Guntersblum Rheinland-Pfalz., Seesen Niedersachsen, Dortmund NRW, Aue Sachsen, Zittau Sachsen, Ober-Ramstadt Hessen, Kerpen NRW, Siegen NRW, Tost-Gleiwitz Polen, Treuchtlingen Bayern, Rechnitz Österreich, Pirmasens Rheinland-Pfalz, Köln NRW, Kippenheim Baden-Württemberg, Salzhemmendorf Niedersachsen, Hannover Niedersachsen, Landsberg Bayern, Dieburg Hessen, Eberstadt Baden-Württemberg, Zülz Polen, Heidelberg Baden-Württemberg, Meißen Sachsen, Beuthen Polen, Wiener Neustadt Österreich, Karlsbad Tschechien, Troppau Tschechien, Laupheim Baden-Württemberg, Eberswalde Brandenburg, Schotten Hessen, Ludwigshafen Rheinland-Pfalz, Regensburg Bayern, Breslau Polen, Plauen Sachsen, Schönebeck Sachsen-Anhalt, Esslingen Baden-Württemberg, Büren NRW, Borken NRW, Roßdorf Hessen, Graz Österreich, Wien Österreich, Krems Österreich, Höxter NRW, Wetzlar Hessen, Lampertheim Hessen, Kobersdorf Österreich, Bühl Baden-Württemberg, Wismar Mecklenburg-Vorpommern, Paderborn NRW Schwerin Teterow Mecklenburg-Vorpommern, Kastellaun Rheinland-Pfalz, Güstrow Mecklenburg-Vorpommern, Telgte NRW Stadthagen Niedersachsen, Parchim Mecklenburg-Vorpommern, Affaltrach Baden-Württemberg, Kiel Schleswig-Holstein, Weinheim Baden-Württembergs, Usingen Hessen, Mattersburg Österreich, Eisenstadt Österreich, Innsbruck Österreich, Cloppenburg Niedersachsen, Groß Freden Niedersachsen, Osnabrück Niedersachsen, Reichelsheim Hessen, Müllheim Baden-Württemberg, Mosbach Baden-Württemberg, Salzburg Österreich ...

# Das Gedenken an den 9. November 1938

Für mich ist der 9. November 1938 ein Datum in der Kontinuität der Erinnerungskultur deutsch-jüdischer Zeitgeschichte. Überlieferte Jahrestage benennen Tage mit geschichtlichem Bezug – und jetzt haben verschiedene historische Ereignisse ein gemeinsames Tagesdatum, den 9. November[6]. Im wiedervereinten Deutschland scheint das Gedenken an den 9. November 1938 allmählich in Vergessenheit zu geraten. Ich ahne, dass dieser Gedächtnistag wohl immer eine spiegelverkehrte Bedeutung für die Nachkommen beider Seiten haben wird.

Ich wehre mich dagegen, weil ich denke, es hat in der nationalsozialistischen Vorkriegszeit keinen anderen derart aufgehetzten, hasserfüllten „Juden raus!"-Terror im gesamten Gebiet des damaligen „Großdeutschen Reichs"[7] gegeben. Viele deutsche Frauen und Männer haben in ihrer Nachbarschaft die unerbittlichsten Gewaltausschreitungen als Beteiligte erlebt oder als Zuschauer billigend in Kauf genommen. Einige wenige empfanden Fassungslosigkeit. Im gesamten „Großdeutschen Reich" wurden jüdische Nachbarn verfolgt. Heilige Kulturgüter wurden zerstört, 1406 Synagogen ausgeplündert, geschändet, demoliert oder in Brand gesteckt. Feuersäulen flammten hoch hinauf in den Himmel, lichterloh brennende Dachkuppeln stürzten ins Innere der Tempel. Fensterscheiben zerplatzten in der Feuerglut. Gestohlenes Inventar der „Judenjagd" wurde auf „Judenauktionen" versteigert[8]. Die „arische" deutsche Bevölkerung war kollektiver Nutznießer der Schnäppchenpreise[9]. Keine Gesetzesparagraphen schützte die Judenheit mehr[10].

Erst 40 Jahre später, am 9. November 1978, mahnte Helmut Schmidt als erster Bundeskanzler: „Wo Gotteshäuser brannten, wo auf einen Wink der Machthaber zerstört und geraubt, gedemütigt, verschleppt, eingekerkert wurde, da gab es keinen Frieden mehr, keine Gerechtigkeit, keine Menschlichkeit mehr (...) Ich wiederhole, was ich in Auschwitz sagte: Die heute lebenden Deutschen sind als Personen zu allermeist unschuldig. Aber wir haben die politische Erbschaft der Schuldigen zu tragen und aus ihr die Konsequenzen zu ziehen. Hier liegt unsere Verantwortung"[11].

---

6   09.11.1918: Ausrufung der Republik. 09.11.1923: Hitlers Marsch zur Feldherrnhalle – Heldengedenktag. 09.11. 1938: „Reichspogromnacht". Nach Zustimmung Hitlers durch eine Hetzrede des Reichspropagandaministers Joseph Goebbels ausgelöste Gewaltausschreitungen. 09.11.1939: Exzessive Pogrome im von NS-Deutschen besetzten Tarnów: Brandanschläge auf Synagogen, Verwüstung und Raub jüdischer Kultgegenstände, Schändung und Ermordung jüdischer Menschen, Plünderungen jüdischer Geschäfte. 09.11.1948: Hinrichtung des in Polen abgeurteilten SS-Sturmscharführers Rommelmann, dem Henker von Tarnów. 09.11.1969: Ein antisemitisch motivierter – pauschal gegen Israel und den Zionismus sowie den US-Imperialismus gerichteter Anschlag auf das Jüdische Gemeindehaus in der Fasanenstraße in Berlin – kam aus einer zur äußersten Gewalt bereiten linken Splittergruppe im Umfeld des SDS, des Sozialistischen Deutschen Studentenbundes, den sogenannten „Tupamaros West-Berlin". Wegen einer verrosteten Zündkapsel scheiterte der politische Mordanschlag. 09.11.1989: „Maueröffnung", Markierung der politischen Wende in der DDR.

7   Nach der Annexion Österreichs im März 1938 wurde der Begriff „Großdeutsches Reich" im amtlichen NS-Sprachgebrauch angewendet.

8   Dokumente „nichtarischer" Auktionen sind im Landesarchiv Berlin unter der Signatur A Rep. 243-04 archiviert. „Die Versteigerer", MDR-Dokumentation. 13.11.2018 | 22:05 Uhr. Von Jan N. Lorenzen und Michael Schönherr.

9   Ben Barkow, Raphael Gross, Michael Lenarz (Hrsg.): „Novemberpogrom 1938 - Die Augenzeugenberichte der Wiener Library", London. 1. Auflage, Frankfurt am Main, 2008.

10  „Das Pogrom 1938. Das Gesicht in der Menge". Ruetz, Michael, Köppe, Astrid (Hrsg.). Wädenswil am Zürichsee, 2018.

11  Aufnahmedatum der Rede: 9.11.1978. Quelle: Archiv des Deutschlandradios.

## Als man Juden alles, sogar das Leben raubte...

Politische Zeitgeschichte setzt sich fort, nicht nur in historisch dokumentiertem Material, sondern in den Seelen, in den Vorstellungen und Bildern der Menschen von sich selbst. Wer die Dynamik der eigenen Familiengeschichte hinterfragt, kann die Wirkkraft des totalitären NS-Systems nachvollziehen sowie den erstarkenden Rechtsextremismus. Die nationalsozialistische Rassen-Ideologie, die „Herrenmenschen"-Deutungshoheit über „lebensunwertes" Leben und die Vision des „Tausendjährigen Reiches" waren 1945 von den Alliierten gestoppt und besiegt worden. Doch wie kann der Einfluss jener NS-Vision und die Kapitulation derselben ohne sozialpsychologische Folgen für die Täternachkommen bleiben? Was haben jene Urgroßeltern, Großeltern und Eltern von ihrem Juden- und Menschenhass – trotz Schweigegeboten aus Angst vor Enthüllung – bewusst oder unbewusst an die Nachkriegskinder nonverbal weitergegeben und wie viel davon ist ein ahnungsloser, doppelbödiger Teil der eigenen Identität?[12] Und wie viele Kunstgegenstände, Schmuckstücke, Haushaltsgegenstände, Bücher, Fayencen, Wohnungseinrichtungen, Silber, Kinderkleidung, Spielsachen, Kapitalien, Immobilien aus jüdischen Eigentum haben ganz gewöhnliche deutsche Bürger ihren Kindern, Enkeln und Urenkeln vermacht? Einen vormals jüdischen Besitz, den sich NS-Täter und NS-Täterinnen aneigneten – mittels legalisierter „Arisierung" durch Plünderungen des gesamten Eigentums jüdischer Familien, die ab 1938 tausendfach nach Polen und ab 1941 in das von NS-Deutschen besetzte Osteuropa verschleppt wurden und durch Zwangsverkäufe von jüdischen Flüchtlingen, die 1939 emigrierten.[13]

---

12   Weissberg, Nea, Müller-Hohagen, Jürgen (Hrsg.) Beidseits von Auschwitz - Identitäten in Deutschland nach 1945. Berlin, 2015. Niemann, Beate: Ich lasse das Vergessen nicht zu. Berlin, 2017.

13   Reichsfinanzministerium: Die braunen Plünderer jüdischer Vermögen. Nicht nur der NS-Fiskus profitierte: Eine Studie zeigt, wie einzelne Finanzbeamte aus der Enteignung von Juden ihren Nutzen zogen. Von Zacharias Zacharakis, 3. Juni 2013, 14:50 Uhr Quelle: ZEIT ONLINE.

## Meine jüdisch-polnische Familie

In der polnischen Nachkriegsgeschichte flammten ab Mitte 1945 bis Mitte 1946 in Kielce, Krakau, Rzeszów, Tschenstochau, Radom, Ostrowiec, Tarnów[14]... erbarmungslose Gewaltverbrechen gegen Überlebende der Shoah[15] auf. Anlass war zum einen ein pietätloser Unwille einzelner christlicher Polen, den nicht legal angeeigneten Besitz wie Hausrat, Wertgegenstände, Grundbesitz etc. von einst deportierten Juden und Jüdinnen zurückzugeben. Zum anderen verbreiteten einige Polen gezielt altbekannte Ritualmordlegenden an katholischen Kindern, die auf einem jahrhundertelang verkündeten, christlich-religiösen Antijudaismus basieren. Als sich 1946 abzeichnete, dass der neue polnische Staat immer stärker unter sowjetischen Einfluss geraten würde, flohen meine Eltern von Krakau nach Berlin. Hier angekommen, lebten sie vorübergehend in einem DP-Lager[16] in Berlin-Schlachtensee. Im Januar 1947 heirateten sie standesamtlich, bereits 1946 waren sie nach jüdischem Ritus in der Tempel-Synagoge in Krakau getraut worden. (Das Nordschiff dieser Synagoge wurde 1939 von deutschen NS-Okkupanten als Pferdestall entweiht und genutzt.) Eine Repatriierung in ihr polnisches Geburtsland lehnten meine Eltern 1947 ab. 1963 beantragten sie für uns, inzwischen eine fünfköpfige Familie, die deutsche Staatsbürgerschaft – bis dahin hatten meine Eltern einen blauen „Fremdenpass", auf dem als Nationalität „ungeklärt Polen" eingetragen war und der alle zwei Jahre erneuert werden musste. Am 6. September 1963 erhielten wir alle die deutsche Staatsangehörigkeit. Nach Zahlung einer Gebühr von 800 DM überreichte ein Regierungsamtmann meinen Eltern die Einbürgerungsurkunde der Bundesrepublik Deutschland bzw. des Berliner Senators für Inneres. Wir drei in Berlin geborenen Kinder erhielten eine Kinderlichtbildbescheinigung und waren von da an „mit deutscher Staatsangehörigkeit polizeilich angemeldet".

### Die tragende Säule unserer Familie war meine Mutter Mania Weissberg

Jeden Freitagabend zündete sie bei Dämmerung die beiden Schabbat-Kerzen an. In ihren Herzenswünschen beim Gebet mit G´tt gedachte sie all der ihr nahestehenden ermordeten Verwandten. Ihr leises Aufseufzen war ein Klagelaut, der ihrer Seele und meinem Herzen wehtat. In ihren Augen schimmerten Tränen, ihr Kummer rührte mich. Wann immer sie aus tiefster Seele mit ihrem Mezzosopran sang, klang ihre Stimme ausdrucksvoll, warm, kraftvoll und klar. Eine Stimme, nach der ich mich noch heute sehne. Wenn sie sang, war ich ihr nah. An ihrem Lebensende bat ich meine Mutter, mir ihre jiddischen Lieder auf Tonband zu singen. Diese Kassetten-Aufnahme hüte ich bis heute als eine Kostbarkeit. Beim Hören spüre ich Trost, Liebe...

---

14  Berger, Gabriel: Der Kutscher und der Gestapo-Mann. Berichter jüdischer Augenzeugen der NS-Herrschaft im besetzten Polen in der Region Tarnów. Berlin, 2018.

15  Shoah (Hebräisch) bedeutet Auslöschung, Mord am jüdischen Volk.

16  Die Alliierten richteten in Berlin drei „Displaced persons camps, (DP-Lager) in den westlichen Besatzungszonen ein – am Eichborndamm in Wittenau, in der Eisenacher Straße in Mariendorf-Tempelhof und an der Potsdamer Chaussee in Schlachtensee. »Transit Berlin« Dokumentarfilm von Gabriel Heim, 5.11.2009, 45 min. 22.30 Uhr, rbb Fernsehen.

Mania Weissberg, geborene Frieder, (sel.A.). Foto, Privatbesitz, Aufnahme, 1946.

Foto: Ulrike Bremer, Bildbearbeitung, Grafische Werkstatt.

Die Zwillinge Rachel und Nea Weissberg. Foto, Privatbesitz, Aufnahme, 1955.

Foto: Ulrike Bremer, Bildbearbeitung, Grafische Werkstatt.

# Identitätsdilemma

Im wiedervereinten Deutschland werden Jüdinnen und Juden zuweilen pauschal als „Deutsche mit Migrationshintergrund"[17] kuvertiert. Die gesellschaftliche Zuschreibung trifft auf meine Familie formal nicht zu, da meine Eltern 1946 nach Deutschland einreisten. Aber generell von außen als Juden und Jüdinnen mit Fremdzuschreibungen etikettiert zu werden, lässt mich Vorbehalte spüren, macht mir bewusst, nicht in vollem Umfang zur deutschen Gesellschaft dazuzugehören. Öffnet sich hier ein Spannungsfeld? Von patriotisch denkenden „Mitbürgern" als fremd wahrgenommen zu werden widerspricht meinem langwährenden Identitätsprozess.

Frühjahr 1958: Meine Zwillingsschwester und ich besuchten die französische Grundschule am Kurt-Schumacher Damm in der Alliiertensiedlung Cité Pasteur, weil der Schuldirektor aus Charlottenburg – wir wohnten ums Eck, nahe der dortigen Grundschule – keine jüdischen Kinder auf seiner „deutschen Schule" wollte, so erzählte es unsere Mutter. Was bin ich? Deutsch? Ich weiß nicht genau, ein leichtes Zögern mischt sich ein. Na ja, eigentlich nicht gewesen oder doch… irgendwie? Polnisch? Hmm? – Unsinn! Ich habe dort doch nie gelebt. Eine Berlinerin? Na klar! Naja, genau genommen eine jüdische Berlinerin. Meine Lieblingsaussage „ich bin eine Berliner Jüdin" ist nicht falsch, aber ist dieses Gedankenspiel nicht auch eine Ausflucht aus einem Identitätsdilemma? Sowohl als auch und weder noch? Das Bewusstsein, unter Umständen nicht wirklich dazuzugehören, weder hier, noch da, noch dort, Ortlosigkeit, international, kosmopolitisch, in Israel für eine „Jeckete"[18] gehalten zu werden, im Ausland als eine Deutsche angesehen, in Straßburg – mit deutschen Freunden deutsch parlierend – als eine „Boche"[19] betrachtet, in Amsterdam, London, Jerusalem deshalb als „Nazi" abgekanzelt zu werden, all das konnte ich abschütteln. Ein stiller Balance-Akt! Und irgendwie und irgendwann ein bisschen eine jüdische Deutsche geworden zu sein, obwohl von der Familie her polnisch-jüdischer Herkunft und in einer zionistischen Jugendgruppe in Berlin mit israelischer Lied- und Tanzfolklore sowie mit jüdischer Tradition aufgewachsen. Die groß gefeierte Bat-Mizwa[20] von uns Zwillingen war die erste nach der Shoah in Berlin, jede wählte einen kleinen Text aus, den wir vortrugen. Rabbiner David Weisz und der Gemeindevorsitzende Heinz Galinski hielten eine Ansprache. Unsere Mutter sang Jiddisch voller Sehnsucht und Lebensfreude, unser Vater war stolz auf uns. Ganz früher als Jugendliche wäre ich am liebsten eine schicke kleine Französin gewesen.

Inzwischen bin ich im wiedervereinten Deutschland sehr „deutsch" geworden. Das wurde mir erstmals im Dezember 1989 bewusst, als mich meine charmante Cousine Diane aus Paris anlässlich ihres Besuches meinen Freunden gegenüber als ihre „deutsche" Cousine

---

17 Ein Migrationshintergrund gilt als ein Ordnungskriterium der deutschen amtlichen Statistik zur Angabe einer Bevölkerungsgruppe, die aus ab 1949 eingewanderten Personen und deren Nachkommenschaft besteht.

18 „Jeckes", jiddische Bezeichnung für deutschsprachige Juden in Palästina, ab 1948 Israel. Jeckete, weiblich.

19 „Boche", französisch. Pejorative Bezeichnung für Deutsche.

20 Aufnahme der Mädchen mit 12 Jahren in die jüdische Gemeinschaft als Erwachsene mit allen Rechten und Pflichten.

vorstellte. Ihre Bestimmtheit, wie sie mich so selbstverständlich als deutsch wahrnahm und gleichzeitig gernhatte, ja, das saß! Ich, eine Deutsche?! Also doch! Wäre ich dann noch ich selbst? Darüber musste ich nachgrübeln. Ich erlebe meine Identität in Deutschland als Ergebnis reichhaltiger Zugehörigkeiten, die ich in meinem ICH aufnehme. Anfang der 1990er-Jahre fasste ich die Entscheidung mich – wennschon, dennschon! – einzumischen, mich journalistisch mit der deutsch-jüdischen Vergangenheit und Gegenwart zu beschäftigen, mich gesellschaftspolitisch zu engagieren.

## Was heißt „Jude"?

1961, zu Besuch bei meinem Onkel Aron Zupnik und meiner Tante Eva in Belfort. Ich liebe sein verschmitztes „jüdisches" Gesicht, seinen Humor und seine biblischen Geschichten. Am Schabbat singt er begeistert das Lied „Schalom Alejchem", „Friede sei mit euch", den Willkommensgruß für die Engel und den Schabbat. Onkel Aron sagt, dass Engel das Gebet eines Menschen aufnehmen und es mit ihren Flügeln zu G'tt[21] hinauftragen. Prompt recke ich meinen Hals, um nach einem Schutzengel Ausschau zu halten. Onkel Aron sagt: „Jude, liebes Kind, das ist Mut." Seine Erzählungen verströmen eine verzaubernde Herzenskraft.

Welche Bilder haben Nicht-Juden im Kopf? Was hören ihre Ohren? Das Wort „Jude" kann bis heute Irritation, Verunsicherung und Schuldgefühle hervorrufen, die sodann eine innere Abwehrhaltung auslösen. Die Bezeichnung „Jude" kann zu verbalen Beleidigungen und Gewalttaten aufstacheln. Einzelne muslimische Jugendliche und auch Deutsche verwenden „Jude" als Schimpfwort auf Schulhöfen und setzen es mit „Opfer" oder „feiges Schwein" gleich. Jüdisch-Sein ist offenbar noch immer eine Provokation für Nicht-Juden. Es veranlasst sie dazu, mal ganz unbeschwert das zu sagen, was man/frau schon immer heimlich dachte.

Als Reaktion auf die pejorative Einstellung aus der liberal-konservativen politischen Mitte und auf die Redewendung „Ich habe nichts gegen Juden, aber..." veröffentlichte ich 2002 das Buch „Was ich den Juden schon immer mal sagen wollte…" Die zentrale Fragestellung lautete „Wie viel Antisemitismus verträgt die Demokratie in Deutschland?"[22] Jürgen Möllemann war der erste etablierte FDP-Politiker, der aus Machtkalkül antijüdische und antiisraelische Ressentiments affektiv schürte, um daraus Kredit bei Wahlen ziehen zu können.[23]

---

21  G'tt ist eine vermeidende Schreibweise für das Wort Gott im Judentum. Der heilige Höchste ist weder mit Worten noch mit Bildern darzustellen.

22  „Was ich den Juden schon immer sagen wollte…" Beiträge und Gespräche. Weissberg-Bob, Nea (Hrsg.). Berlin 2002.

23  Aus Solidarität: „Was ich den Juden schon immer mal sagen wollte". Von Rensmann, Jörg. In: hagalil.com 12-09-2002: „Hajo Funke und Lars Rensmann untersuchen in ihrem wissenschaftlichen Beitrag die Interdependenzen von Rechtspopulismus in der FDP und Antisemitismus; zur antisemitischen Wahrnehmungsstruktur der Möllemann und Haider zähle, sich in eine „Notwehrsituation" zu phantasieren, als seien nicht sie selbst die antisemitischen Überzeugungstäter."

## Welche Zeitgeschichten erinnern wir?

Der 1963/64 beginnende Frankfurter Auschwitz-Prozess trug wesentlich dazu bei, dass es in der BRD ein entstehendes gesellschaftspolitisches und wissenschaftliches Interesse an der Aufarbeitung der nationalsozialistischen Vergangenheit und Gewaltverbrechen gab. Noch 1956 überwog in der Bundesrepublik ein Klima der Ambivalenz, einerseits Abwehr, andererseits Wissbegier. Der französische Dokumentarfilm über das KZ-System „Nacht und Nebel" von Alain Resnais, der 1955 in Auschwitz-Birkenau gedreht und mit Archivmaterial ergänzt wurde, löste in der BRD Kontroversen aus[24].

In Nachkriegsfamilien gab es wenig Raum für eine konstruktiv-kritische Auseinandersetzung mit dem „Dritten Reich". Die Mitverantwortung und die Mitschuld durch persönliches Beteiligt-Sein in der Zeit des Nationalsozialismus, oder das Unterlassen von Hilfeleistung wurden vielfach abgewehrt, verheimlicht, tabuisiert, entschieden abgestritten, bagatellisiert oder umgedichtet. Die 1979 im Westdeutschen Rundfunk ausgestrahlte vierteilige amerikanische TV-Serie „Holocaust" löste Betroffenheit beim Fernsehpublikum aus. Einige Töchter, Söhne und Enkel von NS-Tätern und -Täterinnen entwickelten als Gegenpol zu ihrer Familie die Fähigkeit, Toleranz und Anteilnahme zu empfinden und versuchten die Mythenbildung „Nein, Gott bewahre, niemals haben wir etwas mit den Nazis zu tun gehabt...", die unerbittliche Schweigepflicht, die kaltherzig erlebte Empfindungslosigkeit oder die emotionale Abspaltung innerhalb der Familie durch Recherchen und Publikationen aufzudecken. Sie beschäftigen sich mit der „braunen Brühe", die sie auslöffeln sollten, den Deckerzählungen, den gehörten familiären Ablenkungsgeschichten, mit der Frage der persönlichen und politischen Verantwortung unter einem repressiven Regime.

## Vielschichtige Bedeutung der Mauer aus Beton

Deutschland nach dem Zweiten Weltkrieg wurde von den vier Siegermächten aufgeteilt, die ihre politischen Systeme auf die von ihnen besetzten Teile Deutschlands übertrugen. 1949 entstanden zwei politisch extrem unterschiedliche deutsche Staaten: die Bundesrepublik Deutschland und die Deutsche Demokratische Republik. Die am 13. August 1961 von Bautrupps der Nationalen Volksarmee der DDR eilig als „antifaschistischer Schutzwall" errichtete Berliner Mauer verkörperte für manche Ostdeutsche und für die westliche Welt den Charakter eines Unrechtsstaates: Absperrung der innerdeutschen Grenze, Verhöre, rechtsstaatswidriges Ausreiseverbot, Überwachung, im Keim erstickte Meinungsfreiheit, keine freien Wahlen, kontrollierte Presse, Denunziantentum, Bespitzelung, Inhaftierung, Fluchtbewegung, Schießbefehl und ein Exterritorialisieren der nationalsozialistischen Hinterlassenschaft.

---

24  Der Dokumentarfilm „Nacht und Nebel" „Nuit et brouillard" von Alain Resnais, mit Musik von Hanns Eisler und Texten von Jean Cayrol hatte im Frühjahr 1956 eine Debatte entfacht, nachdem er bei den „Internationalen Filmfestspielen" in Cannes – aufgrund des Intervenierens der Deutschen Botschaft – nicht gezeigt werden durfte.

Die Betonreste der Mauer wurden nach ihrer Öffnung schnell beseitigt, Stein für Stein abgerissen, versteigert, privatisiert, kommerzialisiert und übermalt. Haben deutsche Politiker den 9. November zum Symboltag für die friedliche Revolution als Entlastungsstrategie ausgerufen? Es gab den schnell hörbaren Wunsch und Willen, etwas aus der Welt zu schaffen und neu zu beschriften, das heißt anders zu gewichten, um vielleicht ein Stück weit die Vergangenheit über den Umweg DDR zu überwinden. Die Chronologie wurde verdreht, Jahreszahlen wurden von hinten beginnend aufgezählt und offiziell gewürdigt. Das Bestreben der von westdeutschen und ostdeutschen Führungskräften geleiteten Treuhandanstalt[25], die Privatisierung der DDR-Wirtschaft nach dem Beitritt der Deutschen Demokratischen Republik zur Bundesrepublik Deutschland am 3. Oktober 1990 voranzutreiben, alles so eilig wie möglich zu entsorgen, stillzulegen, zusammenzunageln oder zum Spottpreis zu verkaufen, spaltete die deutsche Bevölkerung. Die beiden deutschen Länder waren nicht ausreichend auf das jeweils andere vorbereitet und so konnte kein gemeinsamer Deutungsrahmen entstehen.

## Missglückte Entnazifizierung in West und Ost

Das Ziel der Siegermächte war ab Juli 1945 die „Re-Education" der deutschen Zivilbevölkerung, die jedoch ab 1947/48 durch den aufkommenden Ost/West-Konflikt in den Hintergrund geriet. In der sowjetischen Besatzungszone (SBZ) führte die Sowjetunion bis Anfang 1948 Entnazifizierungen durch: Haupt- und hochbelastete Nationalsozialisten wurden aus dem öffentlichen Dienst, Schulen, Polizei und der Justiz ausgeschlossen.[26] Die Strafverfolgung der Täter in der DDR konnte in dieser kurzen Zeit und angesichts der gigantischen Dimension der Massenvernichtung nicht bewältigt werden.
1949 hat die SED-Führung die BRD als „Staat der NS-Täter" bezeichnet und die eigene NS-Vergangenheit ausgeblendet.

In der westdeutschen Nachkriegsgesellschaft tummelten sich immer noch hochbelastete Naziverbrecher, sogar in hohen politischen Funktionen sowie sogenannte Hochbelastete, Belastete oder Minderbelastete im öffentlichen Dienst, in der Wirtschaft, Kultur, in Schulen und Hochschulen, in der Ärztekammer und in der Justiz. Hingenommen wurde das auch von den britischen und amerikanischen Siegermächten, die keine Alternative hatte, als auf Ex-Nazis beim Wiederaufbau einer funktionsfähigen Wirtschaft und Verwaltung zurückzugreifen. NS-Täter wurden in der BRD zu wenig für ihre Verbrechen von der deutschen Justiz verurteilt. Die Mehrzahl wurde von „Spruchkammern" als Mitläufer, häufig als „Entlastete" eingestuft. Die meisten konnten ihre Berufe honorig fortsetzen.

---

25    Am 1. März 1990 beschloss der Ministerrat der DDR die Gründung der „Anstalt zur treuhänderischen Verwaltung des Volkseigentums".

26    MDR Spezial zur Doku „Nazis in der DDR?", 29.11.2016. „Karrieren vor 45 — Karrieren nach 45".

Auch in der DDR setze sich das Unrecht fort. Die Zurückweisung der amtlich antifaschistischen DDR-Politik, sich ausdrücklich weder juristisch noch moralisch als Rechtsnachfolgestaat des NS-Regimes zu sehen, diente der DDR-Führung von 1949 bis 1990 zur politischen Beeinflussung historischer Tatbestände, „die mit einer rigorosen Externalisierung von Verantwortungs- und Schuldfragen einherging."[27] Die offizielle Staatsdoktrin, das schön gefärbte Bild des „antifaschistischen" Ostdeutschlands, ist rissig geworden. Im Gesundheitswesen der DDR konnten ehemalige NS-Ärzte, die am „Euthanasie"-Programm, der Tötung „lebensunwerten" Lebens aktiv beteiligt waren, weiterpraktizieren.[28]

„Noch im August 1949 hatte das SED-Zentralkomitee die Amnestie von ehemaligen NSDAP-Mitgliedern beschlossen und sogenannten „Unvorbelasteten" mit der 1948 durch die sowjetische Militäradministration in Deutschland (SMAD) gegründeten Partei NDPD eine neue politische Heimat geboten."[29] Einige ehemalige Nazis – ehemalige SA-, SS- und Gestapo-Angehörige, Nazi-Amtswalter, aktive Hitler-Jugendführer, nationalsozialistische Führungsoffiziere etc. – waren als sogenannte GM „Geheime Mitarbeiter" und GI „Geheime Informanten", später als IM „informelle, inoffizielle Mitarbeiter" des „Ministerium für Staatssicherheit" tätig.[30] Einige wurden für ihre Dienste erpresst, manch andere Karrieristen entschieden sich, loyal mitzumachen.

### Linke antizionistische Antisemiten

Die studentische 68er-Bewegung attackierte die BRD als autoritären Staat, rebellierte gegen Großindustrielle, Staatsanwaltschaft und dagegen, dass Politiker, die dem NS-Gedankengut nahe- standen, in der Regierung saßen. Der Reim „Unter den Talaren – der Muff von 1000 Jahren" richtete sich generell gegen eine Dominanz des nationalen Deutschtums, doch eine ernsthafte Beschäftigung mit der NS-Vergangenheit in der eigenen Familie blieb in weiten Teilen aus. Nachträglich wird diese studentische Bewegung zum Feigenblatt hochstilisiert, um sich nicht mehr um geschichtliche Aufklärung bemühen zu müssen. Die 68er- westdeutsche, radikale Linke war vor 1967 pro-israelisch, danach militant antizionistisch. Das zeigte sich in einer spezifisch deutschen linken Israelfeindschaft.[31]

---

27    Leide, Henry: NS-Verbrecher und Staatssicherheit. Die geheime Vergangenheitspolitik der DDR. 3. Auflage. Göttingen 2007. Seite 413. Leide, Henry: „Auschwitz und Staatssicherheit: Strafverfolgung, Propaganda und Geheimhaltung in der DDR". Bundesbeauftragter für die Unterlagen des Staatssicherheitsdienstes der ehemaligen DDR, Berlin 2019.

28    Entnazifizierung? Nazi-Karrieren in der DDR von Claudia Gründer. MDR im: TV | 12.05.2015 | 15:00 Uhr.

29    Geipel, Ines: „Das Gedächtnis der Angst" Vom Schweigen in der Diktatur. S.137. In: HRSG: Zentralwohlfahrtstelle der Juden in Deutschland e.V. „Gefühlserbschaften im Umbruch". Perspektiven, Kontroversen, Gegenwartsfragen. Chernivsky, Marina / Scheuring, Jana. 1. Auflage, Frankfurt am Main, 2016.

30    Leide, Henry: NS-Verbrecher und Staatssicherheit. Die geheime Vergangenheitspolitik der DDR. 3. Auflage. Göttingen 2007. Seite 54-55.

31    Herf, Jeffrey: Unerklärte Kriege gegen Israel. Die DDR und die westdeutsche radikale Linke, 1967-1989. Göttingen, 2019. 17.06.1976, Flugzeugentführung. In Entebbe (Uganda) trennte das Terror-Kommando (PFLP und deutsche Linksterroristen, die „Revolutionären Zellen") die Flugzeuginsassen nach jüdischen und nicht-jüdischen.

Die Sozialistische Einheitspartei Westberlin (SEW) war eine Bastion der SED, von der sie auch unterstützt wurde. Zwischen dem Bonner „Marxistischen Studentenbund Spartakus" (MSB) und der DDR formierte sich ein ideologisches Bündnis: Israel war der Feind der „arabischen Befreiungsbewegung".

Eine politische Aufklärungsarbeit fand nicht statt, Israel wurde in der „Aktuellen Kamera" des DDR-Fernsehens propagandistisch als „Hauptwerkzeug des Weltimperialismus gegen die arabischen Völker" und Aggressor benannt, arabische Terrorakte wurden hingegen verschwiegen. 1973 wurde ein PLO-Büro in Ost-Berlin eröffnet, es bildete sich eine Allianz antisemitischer Stereotypen im Kleide des Antizionismus. Palästinensische Terroristen, etwa die Abu Nidal Gruppe, wurden logistisch von der DDR unterstützt, hatten Kontakte zur Staatssicherheit und erhielten Mitte der 80er Jahre eine militärische Ausbildung in der DDR. Die Feindschaft gegen Israel war verbunden mit wirtschaftlichem Profit durch geheime Waffenlieferungen der DDR an arabische Staaten wie Ägypten, Syrien, Irak, Libanon und Jemen.

Als Gregor Gysi im März 1990 auf dem außerordentlichen Parteitag der PDS zum Parteivorsitzenden gewählt wurde, kritisierte er die diskriminierende Israel-Politik der SED und kündigte eine neue Politik mit dem Wunsch nach Aufnahme diplomatischer Beziehungen zu Israel an. Gregor Gysis Forderungen standen auch in Zusammenhang mit bisher verweigerten Rückerstattungsansprüchen von Grundstücken und Entschädigungszahlungen an Israel und an europäische Juden und Jüdinnen, die nicht in der DDR lebten, welche die DDR rundweg abgelehnt hatte.[32]

Auf Initiative des Bürgerrechtlers Konrad Weiß erklärte die erste frei gewählte Volksvertretung der DDR am 12. April 1990 ihre Bereitschaft, Verantwortung für die Verbrechen der Deutschen im Nationalsozialismus zu übernehmen: „Wir, die ersten frei gewählten Parlamentarier der DDR, bekennen uns zur Verantwortung der Deutschen in der DDR für ihre Geschichte und ihre Zukunft und erklären einmütig vor der Weltöffentlichkeit: Durch Deutsche ist während der Zeit des Nationalsozialismus den Völkern der Welt unermessliches Leid zugefügt worden. Nationalismus und Rassenwahn führten zum Völkermord, insbesondere an den Juden aus allen europäischen Ländern, an den Völkern der Sowjetunion, am polnischen Volk und am Volk der Sinti und Roma".
(...) „Wir bitten die Juden in aller Welt um Verzeihung. Wir bitten das Volk in Israel um Verzeihung für Heuchelei und Feindseligkeit der offiziellen DDR-Politik gegenüber dem Staat Israel und für die Verfolgung und Entwürdigung jüdischer Mitbürger auch nach 1945 in unserem Lande."[33]

---

32  Weissberg-Bob, Nea (Hrsg.). „Ein „nichtjüdischer Jude"? Ein Gespräch mit Gregor Gysi. In: JETZT WOHIN? Von außen nach innen schauen. Gespräche, Gedichte; Briefe. Was ist eigentlich „jüdisch" und was „deutsch"? Berlin 1993, S. 59. Schalom Genossen – Juden in der DDR", 3sat. 20 Uhr 15, 29. Januar 2020. Film von Rothermundt, Nina und Mathlas, Stefan.

33  Antrag aller Fraktionen der Volkskammer der DDR zu einer Gemeinsamen Erklärung. 10. Volkskammer, 2. Sitzung am 12. April 1990. www.ddr89.de › vk_ Erklaerung.

## Eine erinnerungskulturelle Zäsur

Ein nicht näher betrachtetes Kapitel der Geschichtsschreibung: Jüdische Soldaten regulärer alliierter Armeen, Partisanen und Widerstandskämpfer aus West-und Osteuropa – etwa 1.478.000 Juden – aus unterschiedlichen Ländern kämpften gegen den Nationalsozialismus und waren am 8. Mai 1945 am militärischen Sieg über das Nazi-Deutschland beteiligt[34]. Warum ist dieser Fakt in Deutschland so wenig bekannt? Wird auch nach 1945 das Bild des Juden als Opfer gern transportiert?

Aus Anlass des 40. Jahrestages der bedingungslosen Kapitulation der deutschen Wehrmacht wurde Heinrich Bölls literarischer „Brief an meine Söhne oder vier Fahrräder" 1985 veröffentlicht[35]. Böll schrieb: „Ihr werdet die Deutschen immer wieder daran erkennen können, ob sie den 8. Mai als Tag der Niederlage oder der Befreiung bezeichnen." Der Sieg über Nazi-Deutschland wurde gewöhnlich in der BRD verkürzt als „Kriegsende" oder „Zusammenbruch" betitelt und in der DDR als „Tag der Befreiung".

In seiner weltweit vielbeachteten Rede am 8. Mai 1985 im Deutschen Bundestag benannte Bundespräsident Richard von Weizsäcker den 8. Mai 1945 als „Tag der Befreiung"[36]: „(...) Er hat uns alle befreit von dem menschenverachtenden System der nationalsozialistischen Gewaltherrschaft. Niemand wird um dieser Befreiung willen vergessen, welche schweren Leiden für viele Menschen mit dem 8. Mai erst begannen und danach folgten. Aber wir dürfen nicht im Ende des Krieges die Ursache für Flucht, Vertreibung und Unfreiheit sehen. Sie liegt vielmehr in seinem Anfang und im Beginn jener Gewaltherrschaft, die zum Krieg führte.  Wir dürfen den 8. Mai 1945 nicht vom 30. Januar 1933 trennen... Von Weizsäcker bezeichnete den Mord an dem jüdischen Volk als „beispiellos in der Geschichte".

Am 19. Januar 1996, erst 51 Jahre nach der Befreiung der Deportierten aus dem Todeslager Auschwitz-Birkenau, erklärte Bundespräsident Roman Herzog im Deutschen Bundestag[37] den 27. Januar als „Tag der Befreiung des Vernichtungslagers Auschwitz" zum Tag des Gedenkens an die Opfer des Nationalsozialismus.

---

34  500.000 Juden kämpften im Zweiten Weltkrieg in der Roten Armee, 550.000 in der US-Armee, 190.000 in der polnischen Armee. 62.000 kämpften auf britischer, 48.000 auf französischer, 13.000 auf griechischer, 12.000 auf jugoslawischer, 8.000 auf tschechischer, 8.000 auf belgischer und 7.000 auf australischer Seite. Rund 30.000 jüdische Palästinenser meldeten sich zum Dienst, als sich deutsche Truppen El Alamein in Ägypten näherten. Etwa 50.000 Juden aus West- und Osteuropa schlossen sich dem Partisanenkampf an. „Der Anteil der Juden am Sieg der Alliierten im Zweiten Weltkrieg: Jüdische Soldaten im Kampf gegen den Faschismus" von Arno Lustiger. In: Gegen alle Vergeblichkeit": jüdischer Widerstand gegen den Nationalsozialismus, S. 323-340. Erler, Hans, Arnold Paucker, Ehrlich, Ernst Ludwig (Hrsg.) Frankfurt am Main, 2003.

35  Böll, Heinrich: Brief an meine Söhne oder vier Fahrräder. In: „Das Ende", Autoren aus 9 Ländern erinnern sich an die letzten Tage des Zweiten Weltkrieges. Köln, 1985.

36  Richard von Weizsäckers Rede „Zum 40. Jahrestag der Beendigung des Krieges in Europa und der nationalsozialistischen Gewaltherrschaft" im Plenarsaal des Deutschen Bundestags. Bonn, 8. Mai 1985. Laut Beschluss der Landesregierung wurde der „Tag der Befreiung" in Berlin –75 Jahre danach – ein einmaliger gesetzlicher Feiertag am 8. Mai 2020.

## Verfolgte des Naziregimes in der sowjetischen Besatzungszone

In der sowjetischen Besatzungszone lebten 1946 etwa 4.500 Remigranten deutschjüdischer Herkunft. Viele wollten sich am „sozialistischen Aufbau", an der demokratischen Umgestaltung eines neuen, antifaschistischen Deutschlands, beteiligen. Als Verfolgte anerkannte Personen erhielten in der DDR eine monatliche Rentenleistung und für festgestellte gesundheitliche Schäden — aufgrund erlittener nationalsozialistischer staatlicher Unrechtsmaßnahmen — Vergünstigungen bei der Gesundheitsversorgung, (Kuraufenthalte, Diagnostik). Kommunistische Antifaschisten galten als „Kämpfer gegen den Faschismus", Juden als „Opfer des Faschismus" (OdF), bzw. ab 1947 als VdN (Verfolgte des Naziregimes). Sie bezogen VdN-Renten[38], bekamen antragsgemäß Vorteile bei der Versorgung mit Wohnraum, Telefon und Auto, Kündigungsschutz, zusätzliche Urlaubstage oder Studienhilfe. Die meisten kommunistischen, sozialistischen Remigranten waren aus ideologischen Gründen nicht an einem jüdischen Gemeindeleben beteiligt. Dementsprechend waren sie häufig nicht Gemeindemitglieder. „1951 wurden nach einer Erhebung der jüdischen Gemeinden noch 1244 Mitglieder gezählt, 1975 waren es 831, ein Jahr später 710."[39] Am 1. Januar 1991 waren noch 206 Juden und Jüdinnen in der ehemals Ost-Berliner jüdischen Gemeinde registriert. In der Zeit von 1949 bis 1953 wurde einigen Juden die Anerkennung des VdN-Status willkürlich aus politischen Gründen wieder aberkannt. „Im Januar 1952 hatte die sowjetische Besatzungsmacht die Parteiführung der SED aufgefordert, alle Juden in einer speziellen Kartei zu registrieren und im Juli 1952 wurde das gesamte jüdische Eigentum aufgehoben und in Volkseigentum überführt."[40] Allerdings betraf das Requirieren des Eigentums (Fabriken, Mehrfamilienhäuser, Wohnhäuser, Kapitalien etc.) die gesamte DDR-Gesellschaft nach dem Prinzip der Vergesellschaftung des produktiven Eigentums.

Ab 1986, verstärkt ab 1988 und nach der Maueröffnung suchten einige der noch in der Besatzungszone und späteren DDR Geborenen, die Kinder prominenter und engagierter Sozialisten und Kommunisten[41], die Nähe zur kleinen jüdischen Gemeinde in Ost-Berlin.

---

37  19. Januar 1996, Rede des Bundespräsidenten Roman Herzog zum Gedenktag für die Opfer des Nationalsozialismus. Siehe: Bulletin der Bundesregierung, Nr. 6/ S. 45. Bonn, 1996.

38  Pross, Christian: Wiedergutmachung. Der Kleinkrieg gegen die Opfer, Frankfurt a.M., 1988. Die VdN-Rente, so wie sie heute nach dem Einigungsvertrag gezahlt wird, ist von weiteren Einkommen unabhängig.

39  Geipel, Ines: Umkämpfte Zone. Mein Bruder, der Osten und der Hass. S. 135. Stuttgart, 2019.

40  Waibl, Harry: Die braune Saat. Antisemitismus und Neonazismus in der DDR, Stuttgart, 2017. S. 64.

41  Ab Anfang 1949 fanden Stalins Schauprozesse in Mittel und Osteuropa gegen den „Kosmopolitismus" und gegen „Agenten des Imperialismus" statt, der antizionistische-antisemitische Untertöne besaß. Die Prozesse betrafen vorwiegend Funktionäre, Wissenschaftler, Intellektuelle, Schriftsteller, Dichter, Schauspieler, Ärzte mit jüdischem Hintergrund, die z. T. aus der Westemigration zurückgekehrt waren. Erst Stalins Tod 1953 beendete die Verhaftungswelle.

Einige dieser „Rückkehrer", die jenseits ihrer Parteizugehörigkeit nach ihren familiären Wurzeln, ihrer kulturellen Identität oder nach religiös gefärbter Spiritualität suchten, trafen sich regelmäßig und nannten sich „Wir-für-uns-Gruppe". Etliche von ihnen wandten sich in radikaler Umkehr dem gläubigen jüdischen Leben zu. Einige von ihnen mussten aufgrund der Halacha[42], des jüdischen Religionsgesetzes, zunächst offiziell zum Judentum übertreten, wenn sie „Vaterjuden" waren. Am 11. November 1989 fand ein Symposium der „Wir-für-uns-Gruppe" in den Räumen der Jüdischen Gemeinde Ost statt: „Vierzig Jahre Juden und Jüdinnen in Ost und West."[43] Daran nahmen auch einige Jüdinnen und Juden aus West-Berlin teil. Auch ich wollte wissen, wie DDR-Bürger und -Bürgerinnen mit dem Balanceakt zwischen Anpassung, Mitmachen und Widerstandsfähigkeit ihren Lebensalltag gestalten können. Wer war informeller Mitarbeiter, wer hat andere Menschen gefährdet? Manche von ihnen enttarnten sich nach der Wende selbst, verharmlosten aber ihre Rolle im System.

## Die Einreise jüdischer Sowjetbürger

Nach dem „Mauerfall" reisten sowjetische Juden mit Touristenvisa nach Ost-Berlin ein. Nachdem der aus Ost-Berliner Oppositionsgruppen bestehende „Zentrale Runde Tisch" im Februar 1990 die damalige DDR-Regierung unter Hans Modrow[44] aufgefordert hatte, die Einreise von sowjetischen Juden zuzulassen, entschied die Folgeregierung unter Lothar de Maizière[45] im Juli, sowjetische Flüchtlinge unbürokratisch aufzunehmen und ihnen ein dauerhaftes Bleiberecht zu bewilligen. Bis 31. Dezember 1990 konnte jeder jüdische Sowjetbürger, wenn er es wollte und eine jüdische Mutter oder einen jüdischen Vater nachwies, in die „Auflöse"-DDR einreisen. Jude-Sein wurde zum einen nach dem sowjetischen Nationalitätsbegriff – einen sowjetischen Pass mit dem Paragraphen 5[46], in dem unter Nationalität „Jewrej" = jüdisch steht – oder zum anderen nach dem jüdischen Religionsgesetz (Halacha)[47] definiert. Ebenfalls auf dem „jüdischen Ticket" durften die nichtjüdischen Familienangehörigen ersten Grades in die DDR einreisen.

---

42  Wer von einer jüdischen Mutter geboren ist, gilt als Jude, bzw. Jüdin. Personen, deren Konversion zum Judentum anerkannt ist, gelten auch als Juden. Es gibt in Deutschland liberale, progressive und Reformgemeinden, bei denen die Zugehörigkeit auch über den Vater weitergegeben werden kann. Diese werden aber vom Obersten Rabbinats-Rat in Israel nicht anerkannt. Heute gibt es eine wachsende religiöse Pluralisierung der Jüdischen Gemeinschaft Deutschlands.

43  Weissberg-Bob, Nea (Hrsg.): Der dumme Fuß will mich nach Deutschland tragen – Eine Auseinandersetzung um Deutschland. Berlin 1991. Gespräch mit Cornelia Dieckmann, S. 191-192. Von Wroblewsky, Vincent (Hrsg.): „Zwischen Thora und Trabant" Juden in der DDR. 1. Auflage. Berlin 1993. S. 200-2002.

44  Hans Modrow war Erster Sekretär der Bezirksleitung der SED in Dresden. Während der Wende und friedlichen Revolution vom 13. November 1989 bis 12. April 1990 war er der letzte Vorsitzende des Ministerrates.

45  Lothar de Maizière, erster frei gewählter Ministerpräsident der DDR (April-Oktober 1990).

46  Der Passus 5 mit der Nationalität „Jewrej" im Pass war oft ein Karrierehindernis in der Union der Sozialistischen Sowjet-Republiken: Es gab eine unausgesprochene Hierarchie: 1. Russen, 2. Slawische Nicht-Russen, 3. Asiaten, 4. Juden.

47  Während in den Jüdischen Gemeinden Deutschlands die Halacha, das orthodoxe jüdische Religionsgesetz gilt, wonach sich die jüdische Herkunft durch die weibliche Vorfahren-Linie bestimmt, wird nach sowjetischer Auffassung Judentum als Ethnie wahrgenommen und auch durch männliche Vorfahren tradiert.

Ab Januar 1991 konnten Juden aus der Sowjetunion als „jüdische Kontingentflüchtlinge" – aufgrund eines gesetzlich geregelten Aufnahmeverfahrens der ersten gesamtdeutschen Ministerkonferenz – in das vereinigte Deutschland einwandern. Seitdem sind etwa 220.000 Juden mit ihren nichtjüdischen Familienangehörigen aus der Sowjetunion und den postsowjetischen Staaten nach Deutschland immigriert.

Etwa die Hälfte von ihnen trat nicht den Jüdischen Gemeinden bei. Wurden Juden in der Sowjetunion als Angehörige einer nationalen Minderheit betrachtet, die aktiv am sieggekrönten internationalen Widerstandskampf gegen den Faschismus mitgewirkt hatten, galten sie in Deutschland als Opfer der Verfolgung der Juden unter nationalsozialistischer Gewaltherrschaft und Mitglieder einer Religionsgemeinschaft. Für die meist atheistischen Juden und Jüdinnen aus der Sowjetunion stellte die ihnen von außen zugeschriebene Entwicklung von einer nationalen zu einer religiösen Minderheit mitunter einen zwiespältigen und belastenden Prozess dar. Von ihnen wurde die erstaunliche Integrationsleistung erwartet, sich in die deutsche Gesellschaft einzufügen und gleichzeitig zu ihrer jüdischen Herkunft Stellung zu beziehen. Aufgrund der in der UdSSR seit 1948 erfahrenen Repressalien als jüdische Minderheit war es ihnen nicht möglich jüdische Tradition und Kultur – religiös oder säkular – offen zu leben. Ihre Identität basierte oft auf Akkulturation ohne Assimilation und auf fragmentarisch erzählten Familiengeschichten.[48]

### Die Vorboten des Hasses

Der Ruf: „Endlich muss mal Schluss sein!" - „Das ist doch alles so lange her!", bezogen auf die als überholt angesehene historische NS-Last wurde im wiedervereinten Deutschland lauter. Die BRD und die DDR waren beide Nachfolgestaaten des NS-Regimes – unabhängig von ihrer erklärten politischen Ausrichtung. In beiden deutschen Staaten lebten deutsche Männer und Frauen, die dem NS-Täterland entstammten und in ihrem Lebensalltag davon geprägt waren.

Diese teilweise mit Schuldabwehr, geschichtlichem Halbwissen, einem Bedürfnis nach Abhaken-Wollen, Verhöhnung der NS-Opfer, einem Wunsch nach Relativierung, einer Ablehnung moralischer Verpflichtung und eine mit Verbittert-Sein behaftete NS-Vergangenheit sollte nur noch in der Ferne als finsterer Schatten weit weg in der Erinnerungskultur verbleiben. Ab wann würden Menschen als die ANDEREN und die FREMDEN wahrgenommen, in die Ecke gedrängt und bedrohlich angegriffen werden? Die hauchdünn erfahrene geringe Akzeptanz durch deutsche Bürger und Bürgerinnen, die ich als Jüdin beobachtet habe, drohte angesichts der aktuellen Umbrüche rissig zu werden. Ich war besorgt, dass neurechte Gewaltakteure in dem wiedervereinten Deutschland eine fremdenfeindliche

---

48   Bernstein, Julia:„Wollen Sie uns hier etwa über den Holocaust erzählen?" Zur mehrfachen Traumatisierung jüdischer Einwander*Innen aus der ehemaligen Sowjetunion im Nationalsozialismus. S.64-73. In: Zentralwohlfahrtstelle der Juden in Deutschland e.V. (HRSG) „Gefühlserbschaften im Umbruch". Perspektiven, Kontroversen, Gegenwartsfragen. Chernivsky, Marina / Scheuring, Jana. 1. Auflage, Frankfurt am Main, 2016.

oder auch behindertenfeindliche Stimmung lautstark schüren würden, dass ein neu-alter Nationalismus aufblühen könnte. Vorboten waren 1991/1992 brutale, ausländerfeindliche Ereignisse: Radikalisierte, zumeist aggressive, extrem gewaltbereite Neonazis schrien – unter Applaus der Beifall klatschenden, ausländerfeindlichen deutschen Nachbarn: „Ausländer raus!", „Deutschland den Deutschen!", „Das Boot ist voll!" Am 17. September 1991 wurden in Hoyerswerda vietnamesische Vertragsarbeiter vor ihren Heimen von Neonazis bedroht, mit Steinen und Brandsätzen attackiert. In Rostock-Lichtenhagen gab es am 22. August 1992 rassistisch motivierte Anschläge auf die Zentrale Aufnahmestelle für Asylbewerber, begleitet vom Ruf „Die Rechten haben die Schnauze voll!" [49]. Am 23. August 1992 wurde ein Wohnheim vietnamesischer Vertragsarbeiter in Lichtenhagen angegriffen. Die rechtsextremistische Terrorgruppierung „Nationalsozialistischer Untergrund" formierte sich in den 1990er-Jahren in Jena (Thüringen). Ab 1998 lebte der Kern der NSU-Zelle untergetaucht in Chemnitz und Zwickau. Von den Sicherheitsbehörden weitgehend unbehelligt haben sie von 2000 bis 2007 eine deutsche Polizistin, sechs türkische, einen griechischen und zwei deutsch-türkische Kleinunternehmer aus xenophoben, menschenfeindlichen Motiven ermordet.

### Halle ist überall – Ermordung aus Menschenhass

Der völkisch-nationalistisch antisemitisch motivierte Mordanschlag auf die Synagoge in Halle (Saale) am 9. Oktober 2019, an Yom Kippur[50], dem erhabensten jüdischen Feiertag, bediente sich der Terrorelemente aus der Zeit der Shoah. Das löste in mir eine tiefe Erschütterung aus. Polizeischutz und bauliche Schutzmaßnahmen gab es nicht. Die schlichte, massive Eichenholztür der Synagoge wurde beschossen und beschädigt, hielt jedoch stand. Der Einzeltäter wollte alle 51 Beter und Beterinnen ermorden. Unschuldige Menschen wurden Zeugen eines wild um sich schießenden Mannes in martialischer Kampfmontur. Passanten wurden verletzt, zwei Personen – Jana L. und Kevin S. – erschossen, sie waren zufällig anwesend. Wurde den zuständigen Behörden erst nach dieser Straftat in Halle bewusst, dass es auch in Deutschland global vernetzte rechtsextreme Gewalt gibt, die nicht mehr kleingeredet werden kann? Der Täter kam aus Benndorf in Sachsen-Anhalt. Das Verbrechen vom 9. Oktober 2019 weist auf ein ost- und westdeutsches Kontinuum hin und fungiert für das wiedervereinte Deutschland als ein gesellschaftspolitisches Brennglas mit all den Wirksamkeiten faschistischer Strukturen.[51]

Dennoch frage ich mich, ob die Wurzeln des heutigen Rechtsradikalismus in Ostdeutschland systemimmanent sind.[52]

---

50 Versöhnungstag, ernster Fasttag, Bußtag.

51 Wiking Jugend (WJ, von Nadja Müntsch. „Die seit 1994 verbotene Wiking-Jugend (WJ) war die älteste und zum Zeitpunkt ihrs Verbots größte rechtsextremistische Jugendorganisation in der Bundesrepublik, die nach dem Vorbild der nationalsozialistischen „Hitler-Jugend" aufgebaut war und agierte." Von Redaktion Belltower News vom 06.04.2008, Online-Dossier zum Thema Rechtsextremismus der Bundeszentrale für politische Bildung, www.bpb.de/rechtsextremismus. Röpke, Andrea, Speit, Andreas (HG) Völkische Landnahme Alte Sippen, junge Siedler, rechte Ökos. Berlin 2019.

52 „Niemand wollte das damals hören" taz vom 8.3.2020. Das Interview führte Gareth Joswig. https://taz.de/Exit-Gruender-ueber-Neonazis-in-der-DDR/!5665867/. „Bernd Wagner von der Aussteiger-Organisation hatte schon in der DDR als Kriminalbeamter mit Neonazis zu tun. Offiziell gab es die aber gar nicht." Ködderitzsch, Peter, Müller, Leo A.: Rechtsextremismus in der DDR. Göttingen, 1990.

Seit 1983 gab es in der DDR bereits vereinzelt rechte Skinheads, die durch ihr Äußeres und randalierendes Verhalten auffielen. Später kamen organisiert agierende „Faschos" als Träger einer nationalsozialistischen Ideologie hinzu, die sich in streng konspirativen Gruppen von 10 bis 14 Personen zusammenschlossen – quer durchs ganze Land verteilt. Sie führten geheime paramilitärische Wehrsportübungen durch und trugen faschistische Embleme. Beide rechtsextreme Gruppen, die unabhängig voneinander agierten, waren jeweils gut organisiert, gewaltbereit und riefen: „Sieg Heil" „Judenschweine" „Nigger". Ausländerfeindlichkeit, Antisemitismus, Rassismus, Hass gegen Minderheiten waren Teil ihres Programms. Die politisch Verantwortlichen in der DDR versuchten, den existierenden Faschismus kleinzureden, als „aus dem Westen importiert" zu propagieren und generell zu bagatellisieren.[53] Den DDR-Medien wurden strenge Vorschriften erteilt, was nahezu einem Berichterstattungsverbot gleichkam. Seit Oktober 1987 wurden rechtsradikale Straftaten und neofaschistische Vorfälle öffentlich, ließen sich nicht länger geheim halten.[54] Anfang Februar 1988 gestand das Politbüro die Existenz von Skinheads in der DDR öffentlich ein, ohne die Ursachen im eigenen System zu suchen. Die Anzahl der in der DDR gewaltbereiten Rechtsradikalen lag 1988/89 bei 15.000 Anhängern.[55]

## Das Feindselig-Sein ruft Hass hervor

Politisch motivierte Tat-Absichten rechtsradikaler Terrorakteure aus West-und Ostdeutschland haben eines gemeinsam: eine Zuspitzung xenophober, antisemitischer, antiziganischer, antiislamischer, menschenverachtender Gewalttaten. Antidemokratische Gesetzesbrecher suchen sich eine Ideologie voller Verschwörungstheorien und deutschvölkischer Gesinnung aus, mit der sie ihr obsessives Gewaltpotential legitimieren können. So wurde das am 23. November 1992 verübte Attentat in Mölln (Schleswig-Holstein) zum Sinnbild eines erbarmungslosen Hasses auf Ausländer. Neonazis warfen Brandsätze in Wohnhäuser, die von türkischen Familien bewohnt waren. Zwei Mädchen und eine Frau starben, weitere neun Menschen wurden schwer verletzt. Am 29. Mai 1993 steckten Neonazis in Solingen (Nordrhein-Westfalen) das Haus einer türkischen Familie in Brand. Fünf Frauen und Mädchen wurden bei dem rassistisch motivierten Mordanschlag getötet. Die Ermordung des CDU-Politikers Walter Lübcke am 2. Juni 2019 in Wolfhagen (Hessen) war rechtsextremistisch motiviert. Lübcke engagierte sich seit 2015 für Asylsuchende und intervenierte gegen Rechtsradikale. Am 19. Februar 2020 tötete ein deutscher Gewalttäter aus Hanau (Hessen), der einer völkisch-nationalistischen Ideologie verhaftet war, neun Menschen in Shisha-Bars und verletzte fünf weitere schwer. Danach tötete er seine Mutter und entzog sich durch Selbstmord einem öffentlichen Prozess.

---

53 Geipel, Ines: Umkämpfte Zone. Mein Bruder, der Osten und der Hass. S. 135-139. Stuttgart, 2019.

54 „Die neue alte Gefahr. Junge Faschisten in der DDR" von Konrad Weiß. Dieser Text wurde im November 1988 in der DDR geschrieben und im März 1989 in der Untergrund-Zeitschrift Kontext (Heft 5) veröffentlicht. Es war die erste öffentliche Analyse des Rechtsradikalismus in der DDR. © Konrad Weiß, 1989-2020.

55 Jan Johannes, „Mit schwachem Schild und stumpfem Schwert – Staatssicherheit und rechtsextreme Skinheads in Potsdam 1983-1989", in: Deutschland Archiv Online, 20.09.2013, Dieser Text ist unter der Creative Commons Lizenz „CC BY-NC-ND 3.0 DE veröffentlicht. Autor/-in: Jan Johannes für bpb.de.

Es ist das Feindselig-Sein, das Hass und Gewalt produziert. Noch gefährlicher wird es, wenn Wut und Hass durch Politiker mit rechtspopulistischer Gesinnung mittels Feindbildpflege externalisiert und durch eine inszenierte verzerrte Darstellung eines als fremd wahrgenommen Anderen geschürt werden. Es ist ein gesellschaftspolitisches Konstrukt, das in seiner Außenwirkung folgenschwer ist. Ein für politische Zwecke instrumentalisiertes, auf Stimmenfang schielendes Konstrukt, das Unfrieden stiftende Verbalattacken auf als fremd wahrgenommene Andere nicht korrigiert, führt zu gesellschaftlichen Ausgrenzungen und gewaltvoll-tätlichen Übergriffen.

## Der Tabubruch der Halina Birenbaum

Ende Oktober 1989 sah ich in Berlin den 1988 in Israel produzierten Dokumentarfilm „Wegen dieses Krieges" von Orna Ben-Dor Niv[56], der im Februar 1989 während der Internationalen Filmfestspiele Berlin gezeigt wurde. Der Film, der im Oktober 1989 von der Berliner „Jury der Evangelischen Filmarbeit" als „Film des Monats" ausgezeichnet wurde, zeigt die Atmosphäre der ständigen Angst und beengenden Sorge, mit denen die „Second Generation"[57], die Kinder der Shoah-Überlebenden, aufgewachsen sind. Dieser Dokumentarfilm, der auf den Internationalen Filmfestspielen in Jerusalem 1988 als bester Film Israels ausgezeichnet wurde und seitdem Kultstatus hat, war ein Tabubruch, ein Novum, eine mich prägende Sensation. Dass zwei israelische Männer in meinem Alter, Yaácov Gilad[58] und Yehuda Poliker, über ihre Gefühle erzählen, ambivalente Empfindungen ihren Eltern gegenüber, Liebe, Zugehörigkeit, Verbundenheit, Verantwortungsgefühl, Besorgnis, aber auch Zorn, Verzweiflung, Vorwurf äußern, ergriff mich. Halina Birenbaum, eine der vier Protagonistinnen des Dokumentarfilms, stellte Ende Oktober 1989 im Terzo Mondo, einem Lokal und Polit-Treff in Charlottenburg, in dem sich die linksorientierte „Jüdische Gruppe" traf, ihr autobiographisches Buch „Die Hoffnung stirbt zuletzt"[59] vor. Was sie erzählte, hatte ich in solch einer Offenheit und Direktheit noch nie gehört. Sie schilderte nachdrücklich die brutal erlebte Vernichtungsbürokratie der deutschen Nazis. Sie sprach über die Lage des unter dem Zwang der SS und der Gestapo eingesetzten nazikontrollierten „Judenrats" im Warschauer Ghetto, der aufgrund der ihm bewusst aufoktroyierten Verstrickung und aufgrund seiner eigenen Hilflosigkeit kaum Untergrundarbeit betrieb. Er konnte aus Machtlosigkeit nur wenigen Juden und Jüdinnen zur Flucht verhelfen. Halina Birenbaum berichtete von der Angst und der permanenten Atmosphäre des gewaltsamen Todes in den von deutschen NS-Besatzern auf polnischem Boden betriebenen Vernichtungslagern.

---

56   Wegen dieses Krieges (hebräischer Titel: Biglal ha'milchama hahi). Regie und Drehbuch, Orna Ben-Dor Niv, Israel 1988. Verleih: Arsenal - Institut für Film und Videokunst e.V.

57   Die direkten Nachkommen von Shoah-Überlebenden werden seit Mitte der 1960er Jahre als „Second Generation" benannt. Durch den gewaltsam ausgelösten Riss in der natürlichen Generationenfolge entstand eine neue Generationenzählung in jüdischen Familien.

58   Sohn von Halina und Chaim Birenbaum

59   Birenbaum, Halina: „Die Hoffnung stirbt zuletzt". Hagen 1989.

Mit Tod verband ich als Kind tiefschwarze Dunkelheit, leise Stimmen, schöne Gesichter, von Trauer beschattet. Blau eintätowierte Nummern inklusive halbem Davidstern auf linken Unterarmen, nicht auf denen meiner Eltern, aber auf denen der Freunde meiner Eltern, den Ka-Tzetniks.[60] Ich hörte als Kind von einem mir unbekannten Land auf der Globus-Länderkarte: Polen. Und von mir unbekannten Orten: Auschwitz, Majdanek, Belzec, Sobibór, Treblinka...; diese nebenbei aufgeschnappten Städtenamen durchdrangen mich mit einem Fröstelt: Die Tötungslager wurden von den Erwachsenen Todeslager genannt. Das ein oder andere Mal habe ich die flüsternden Erwachsenengespräche heimlich belauscht, deren Gefühle vom erlebten Mord am jüdischen Volk geprägt waren, von dem gigantischen Verlust ihrer zahlreichen Angehörigen. Die Schmerzen der Vergangenheit waren unter vielen Überlebenden und ihren Kindern ein Tabu, ein Schweigen aus Fürsorge und Schutz. Die Überlebenden wollten ihre Kinder nicht belasten und sie selbst wollten sich nicht an die Erniedrigung, an die bittere Scham der erzwungenen Nacktheit, die Pein, den Hunger, an die Todesangst, an den Zusammenbruch ihrer privaten Welt erinnern müssen. Und wer von uns hätte sich seine Eltern so vorstellen wollen? Gedemütigt, entblößt, hilflos, misshandelt?

Plötzlich war da Halina, eine Frau, eine polnische Jüdin mit einem mich überwältigenden Lebensmut, einer Ausstrahlungskraft, die rückhaltlos redete, von ihrem Leben vor dem Mord am jüdischen Volk und dann von allem Elend, das über sie und ihre Familie hereingebrochen war, von ihrem Schmerz, ihrer Scham, ihrem Verlust, von allen Schrecken – ohne Hass, und die dabei sogar Hoffnung ausstrahlte.

Ihr jiddisch-deutscher Akzent, die Sprachmelodie, der Ton erinnerten mich an meine Mutter. Halina Birenbaums Lebensgeschichten zuzuhören war zugleich faszinierend, ergreifend, schmerzlich, erleichternd und bedrückend. In diesem Moment fühlte ich etwas für mich Entscheidendes. Ich sprach sie an, sie antwortete warmherzig und offen und sie wurde meine geistige Ziehmutter. Wir blieben in Kontakt. Mit ihrer selbstbewussten Art brachte sie mir das polnische Judentum und damit meine familiären Wurzeln wieder nahe. Sie vermittelte mir vor allem das Gefühl von Stolz, jüdisch zu sein. 1990 waren Halina und ich zusammen in der Gedenkstätte Yad Vashem im Kindertrakt. Dort rezitierte sie für mich auf Jiddisch ihr Gedicht „Tränen", das sie 1967 geschrieben hatte und das ich ins Deutsche übersetzte. Sie erinnerte sich daran anlässlich ihres erneuten Berlin-Besuches am 30. Oktober 2019, als sie ihr neues Buch „Ich suche das Leben bei den Toten"[61] vorstellte. Sie sagte: "Nea, Du weißt schon, dass Du immer für mich wie eine Tochter warst. Ja, ich habe Dich ermuntert zu schreiben, Zeitzeugengespräche zu führen und das Gehörte zu publizieren, auf dass es in der Folgezeit für immer erhalten bleibt."

---

60    Ka-Tzetnik. Bezeichnung für alle in NS-Konzentrationslagern inhaftierten Häftlinge. Yehiel Feiner, ein Auschwitzüberlebender, schrieb in den 1950er Jahren unter dem Pseudonym Ka-Izetnik das Buch „Das Haus der Puppen", einen der ersten hebräisch sprachigen Romane über die Shoah.

61    Birenbaum, Halina: „Ich suche das Leben bei den Toten". Berlin, 2019.

## Ich habe mich eingemischt

Ja, es waren all die hier geschilderten historischen Umbrüche und persönlichen Ereignisse zusammengefasst, die mich zu der Entscheidung führten, mich in Deutschland gesellschaftspolitisch zu engagieren und meinen Verlag zu gründen. Die individuelle, familiäre und politische Verantwortung der nicht-jüdischen Deutschen für den Mord am jüdischen Volk und ihre Bedeutung für die Gegenwart zu hinterfragen, zu enttabuisieren und eine Erinnerungsarbeit zu initiieren, weckte mein Verstehen-Wollen. Ende Oktober 1989 begann ich, Gespräche mit Menschen aus West-Berlin, aus Ost-Berlin und mit Menschen aus der BRD sowie aus Israel zu führen, die in ihrer persönlichen und / oder beruflichen Beschäftigung nach Möglichkeiten suchten, Türen zur Begegnung zu öffnen. Ich wollte unterschiedlichen Stimmen Gehör verschaffen. Seit 1990 veröffentliche ich Beiträge zur jüdischen Gegenwart, sowie zu den psychosozial-gesellschaftspolitischen Nachwirkungen der Shoah.

## Epilog

Der Mordanschlag auf die Synagoge in Halle an Yom Kippur setzte gezielt Terrorelemente aus der Zeit der Shoah ein. Der Anschlag war darauf gerichtet, so viele Juden wie möglich zu vernichten. Dieser Angriff erschütterte mich persönlich und beruflich so sehr, dass ich meine Verlagsarbeit in Zweifel gezogen habe. Antisemitische Reaktionen auf meine Publikationen, etwa mittels Postsendungen, habe ich schon vor Jahren erhalten. Ich habe Sorge, dass der Judenhass nie gestoppt werden kann. Eine Anfrage von der Journalistin Sharon Adler, ob ich ihr ein Interview zum Thema „Jüdische Perspektiven auf die Öffnung der Mauer" und die Zeit um 1989" für das Projekt "Erinnern heißt stören. Die Mauer fiel – ohne uns!" der Rosa Luxemburg Stiftung geben würde, und ein unerwarteter Anruf aus Magdeburg von einem mir bis zu diesem Zeitpunkt unbekannten Herrn, Peter Wetzel (Vorsitzender der Geschichtswerkstatt Merseburg-Saalekreis e.V.), schaffte es nach intensiven, auch persönlichen Gesprächen, mich zu überzeugen, nicht aufzugeben. Aus diesem Aufschwung entwickelte sich die Idee, ein Buchprojekt mit dem Arbeitstitel „Vor und nach Halle" in die Wege zu leiten. Spontan wollte ich hierbei Stimmen jüdischer Frauen mit unterschiedlichen familiären, beruflichen, politischen Hintergründen einbeziehen. Mit der Journalistin Bärbel Petersen und mit vertrauten jüdischen und nichtjüdischen Freundinnen – Tiqvah Friedrich, Christine Geulen-Roth, Magdalena Herzog, Sandra Lustig, Beate Niemann, Rebekka Nieten – sowie mit Gabriel Berger war ich im Gedankenaustausch, dadurch konnte sich der Blickwinkel meines Artikels ausweiten. Meinen ursprünglichen Arbeitstitel „Vor und nach Halle" veränderte ich nach dem Anschlag in Hanau in „Halle ist überall" – aus Respekt vor allen Opfern.

**Nea Weissberg,** 1951 in Berlin als Tochter polnischer Juden geboren, ist Pädagogin, Autorin, cand. Director of Psychodrama am „Isis Israel". Sie gründete 1993 den Lichtig Verlag, in dem sie Literatur zur jüdischen Gegenwart und Geschichte herausbringt. (www.lichtig-verlag.de).

Die Pessach-Haggada meines Vaters Jacobi Weissberg (sel. A.) und unser Kidduschbecher für den Propheten Elijahu Hanawi.

Foto, 2020. Sharon Adler.

# Renate Aris

## Ich sang die haTikwa[1],
## da waren meine israelischen Freunde noch nicht geboren

1935 in Dresden geboren, nach dem rituellen Eintauchen in die Mikwe, wurde ich Mitglied der Jüdischen Gemeinde Dresden. Von Geburt an war ich den ab 1933 erlassenen Pogromen gegen Juden ausgesetzt. Der Freibrief zur uneingeschränkten Demütigung und Verfolgung der Juden war die „Kristallnacht" vom 9. zum 10. November 1938. Die Mordmaschinerie war unaufhaltsam in Bewegung gesetzt: Zerstörung von Synagogen, Verwüstung ungezählter jüdischer Geschäfte, Plünderung von Wohnungen, Raub von Einrichtungen, gezielte Erniedrigungen, tausende Verhaftungen, Deportationen und Morde in dieser Nacht voller Todesängste.

Bereits vor diesem Tag war ein normales, menschenwürdiges Leben nicht mehr möglich. Die bürgerlichen Rechte wurden uns bereits 1933 aberkannt und Besitz enteignet, später Berufsverbote erlassen. Uns wurde die Teilnahme am öffentlichen Leben verboten: Besuch von Theater, Kino, Schwimmbad, Spaziergänge in öffentlichen Parks, Bus- und Bahnfahren, das Sitzen auf Bänken im Kurpark, das Lesen von Büchern in Bibliotheken. Mit anderen Kindern nicht zu spielen und die Schule nicht zu besuchen dürfen und vieles andere grenzte uns total aus. Das ab dem 19. September 1941 verordnete sichtbare Tragen des nach Vorschrift auf der Oberkleidung fest angenähten „gelben Sternes" mit der erkennbaren Aufschrift „Jude" machte uns ab dem sechsten Lebensjahr zum Freiwild.

Mein Vater Helmut Aris, Seidenhändler von Beruf, war ab 1941 verpflichtet, Zwangsarbeit zu leisten. Meine Mutter Susanne Aris, geborene Reinfeld, arbeitete als Gemüseverkäuferin.

Die den Juden zur Verfügung gestellten Lebensmittelkarten mussten abgeholt und jeder noch so kleine Abschnitt handschriftlich mit „Jude" gekennzeichnet werden. War mein Vater nach circa zwei Stunden damit fertig, überstempelte man die Karten bis auf wenige Abschnitte mit „ungültig". Nur so viel Brot, Fleisch und Molke (aber keine Milch) blieb offen, um nicht zu verhungern. Für Juden war das Einkaufen nur von 16 bis 17 Uhr erlaubt. Über den Eingängen der Geschäfte prangten die Schilder „Juden werden hier nicht bedient!" So wurde jedes Stück Brot zum Geschenk.

Wir hatten Glück, denn wir wohnten in Briesnitz bei meiner Großmutter mütterlicherseits, Olga Reinfeld. Wir mussten nicht in ein „Judenhaus" ziehen, wurden vom Hausbesitzer und den anderen Bewohnern geduldet. Obwohl die Wohnungsmieterin nicht jüdisch war, musste der „gelbe Stern" an der Wohnungstür angebracht sein.

---

[1] Israelische Nationalhymne - haTikwa - die Hoffnung.

Entsprechend der „Wannseekonferenz" 1942 sollte auch Dresden am 15. und 16. Februar 1945 „judenfrei, bzw. „judenrein" sein. Am 13. Februar musste mein Vater die Papiere zur Deportation nach Theresienstadt von der Gestapo bzw. von der Gemeinde abholen. Es ist bekannt, dass in den Nächten 13. und 14. Februar 1945 die Großangriffe die Stadt Dresden in ein Brandinferno verwandelten. In dieser Nacht zum 14. Februar hat mein Vater meiner Mutter gesagt: „Am 16. Februar müssen wir ins KZ". Für sie stand sofort fest: „Ich lasse meine Kinder nicht in den Tod gehen, ich fliehe mit ihnen". Noch in dieser Nacht lief sie in die brennende Stadt, fand ihre nichtjüdische Freundin mit deren beiden Kindern erschlagen, verbrannt vor ihrem Haus, inmitten eines brennenden Trümmerhaufens. Mit deren Familiennamen und Adresse flohen wir, auch über Leichenberge. Selbst die Elbe brannte. Brennende Menschen sprangen ins Wasser, der Phosphorabwurf verbrannte auch sie. Nach zwei Tagen langem Marsch, hungrig, entkräftet, nahmen uns Bekannte am anderen Ende Dresdens in ihrem bereits mit Flüchtlingen und Ausgebombten überfüllten Haus auf, versteckten uns im einzigen, etwa 8 Quadratmeter noch freiem Raum, der zur Überwinterung von Äpfeln diente. Unser Versteck bis Kriegsende!

„Du sollst nicht lügen!", dieses Gebot mussten wir sofort vergessen. Unsere Namen gab es nicht mehr. Mit diesem neuen Namen besorgte uns der Bekannte, indem er sich selbst in Gefahr brachte, Ausgebombten-Papiere, so bekamen wir bescheidene Lebensmittelkarten.

Mein Vater musste, wie auch Victor Klemperer, anderen Gemeindemitgliedern die Deportationsbefehle überbringen. Die Bahnhöfe, die Gleise, und die Züge waren zerstört. So gelang es den etwa 60 noch in Dresden lebenden Juden, irgendwie zu fliehen und unterzutauchen, zu überleben. Der letzte Zug in die Hölle fiel aus!

Die über 25.000 Toten oder mehr, wer weiß es genau (?), verstümmelte, verbrannte, zerrissene Menschen, die in den Straßen, unter Trümmern, im Wasser lagen, genügten den Nazis nicht. Auch etwa 40 Juden starben im zerbombtem „Judenhaus".

„Wo sind die Juden?"
Viele nicht zerstörte Häuser rund um Dresden wurden durchsucht, auch unseres. Wir hörten ihre Fragen. Sie fanden uns nicht! Der Apfelduft des Apfelregals in unserer Eingangstür hatte uns gerettet.

Am 8. Mai, dem Kriegsende und Tag der Befreiung, gingen wir zurück zu meiner Großmutter Olga. Wir zogen im September 1945 in das Haus, in dem wir überlebt haben, im Stadtteil „Weißer Hirsch", auf dem Johannesweg.

Das neue Leben begann, wir waren einigermaßen gesund, hatten ein Dach über dem Kopf, was tausende Ausgebombte und Flüchtlinge in der Stadt nicht hatten. Mit den Nachkriegsproblemen und Nöten waren alle konfrontiert. Für Traumata war keine Zeit, auch wäre keine Hilfe dagewesen. Extrabehandlung wollten wir nicht. Wir lebten, das war genug! Die Trauer war tagtäglich präsent, denn unsere große Familie gab es nicht mehr, über 20 Menschen ermordet, andere für immer verschollen. Mein Großvater Julius Aris starb 1940 in Dresden. Meine Großmutter väterlicherseits, Recha Aris, geborene Stein, wurde 1942 in Riga erschossen. Die sieben Geschwister meiner Großmutter und deren Familien sahen wir nie wieder. Nur der Zwillingsbruder meiner Großmutter, Moritz Stein und ein 14 Jahre altes Mädchen, Eva Stein, hatten überlebt. Moritz ging nach Hessen zurück und Eva reiste zu ihrem älteren Bruder nach England. Die einzige Schwester meines Vaters, Ruth Aris, verheirate Kunz, emigrierte mit ihrem Ehemann Rudolf Kunz noch 1939 mit dem letzten Schiff ab Bremen nach Chile. Ich konnte sie nach der Wende noch mehrmals in Südamerika besuchen, sie starb 1991.

Die Jüdische Gemeinde Dresden nutzte ab 1945 ein Haus in der Dresdener Neustadt. Dort fanden Schabbat und Feiertagsg'ttesdienste im bescheidenen Maße statt. Die kleine Gemeinschaft der Überlebenden war angetreten, ein wenig Religion und Kultus zu erhalten. Der Höhepunkt in diesen Jahren war meine Bat-Mizwa[2] und die Bar-Mizwa[3] meines Bruders Heinz-Joachim am 13. Juni 1948 – die erste und einzige nach dem Holocaust in Dresden. Eigentlich ein Freudentag für alle. Doch bei meiner kleinen Rede über die „Zehn Gebote" auf Deutsch und Hebräisch, hörte ich an der „Bimah[4]" stehend plötzlich ein lautes Schluchzen. Bei meiner späteren Frage an ein altes Ehepaar, das mehrere Jahre im Konzentrationslager eingesperrt war, sagte mir die Frau, dass sie es niemals gewagt hätte zu hoffen, ein solches Erlebnis wie einer Bat-und Barmizwa miterleben zu können. Bis zur Zuwanderung aus den GUS-Staaten Anfang der 1990er-Jahre gab es keine weiteren Einsegnungen in unserer Jüdischen Gemeinde.

1948 verbrachten mein Bruder und ich auf Einladung der amerikanischen Administration in einem Feriencamp für überlebende jüdische Kinder verschiedener Nationen auf Schloss Brünningslinden am Wannsee erholsame Wochen mit wunderbaren Schabbaton[5] und viel Schokolade.

Jeder Tag im Camp begann mit dem Gesang der „haTikwa", der Hymne des gerade gegründeten Staates Israel, mit dem Text der letzten Zeilen, die heute nur noch wenige kennen.

---

2   Religiöse Mündigkeit bei Mädchen mit 12 Jahren.

3   Religiöse Mündigkeit bei Jungen mit 13 Jahren.

4   Erhöhte Plattform mit Pult in der Synagoge für die Lesung aus der Tora (fünf Bücher Moses).

„Ha-Tikwa Hannoschanah,
„die uralte Hoffnung
la-schuw le-eretz awoteinu
zurückzukehren in das Land unserer Väter
le-'ir bah
zur Stadt, in der
david chana"
David sein Lager aufgeschlagen hat"

Dieser Text von 1878 stand am Ende der ersten Strophe der „Tikwatenu"
(unsere Hoffnung) einer Hymne der zionistischen Bewegung. Der Verfasser war Naphtali
Herz Imber.
Seit der Staatsgründung von Israel am 14. Mai 1948 lauten die letzten Zeilen anders.

„Lihjot ,am chofschi
„zu sein ein freies Volk
be-artzenu Eretz Zion wi-jruschalajim"
in unserem Land, Zion, und in Jerusalem"

Am 15. Oktober 1945 begann die Schule. Zehnjährig betrat ich erstmalig ein Klassenzimmer. Etwas Lesen und Schreiben hatten uns die Eltern gelehrt. Mein Bruder, bereits über elf Jahre alt, und ich hatten darum gebeten, dass außer der Schulleitung niemand erfährt, dass wir noch nie eine Schule besucht hatten. Wir wollten mit Gleichaltrigen lernen, was uns zum Glück recht leicht fiel. So kamen wir sofort in eine vierte Klasse. Damals waren Jungs und Mädchen noch getrennt. Bis auf mich und eine Katholikin waren die Klassenkameradinnen evangelischen Glaubens. Die jeweilige Religion spielte für uns keine Rolle. Zur Konfirmation der Klasse erhielten wir beide eine Einladung in die Kirche, ebenso 50 Jahre später zur „Goldenen Konfirmation" waren wir Gäste, obwohl ich da schon fast 30 Jahre nicht mehr in Dresden lebte.

1950 wechselten wir zum Gymnasium. Den Sommer verbrachten wir, auf Einladung der Jüdischen Gemeinde Stockholm, in Svanesund und auf der schwedischen Insel Urust, gemeinsam mit Kindern und Jugendlichen aus anderen Gemeinden der DDR. Im gleichen Jahr wurde in Dresden an dem Ort der ehemaligen Trauerhalle die „Kleine Synagoge" in der Fiedlerstraße 3 eingeweiht. Bekannt ist, dass das Löschen von Synagogen in der „Kristallnacht" verboten war.

Trotzdem gelang es dem Feuerwehrmann Alfred Neugebauer einen der beiden Davidsterne, die auf einer der Dachkuppeln der „Semper Synagoge" angebracht waren, unter persönlicher Gefahr zu retten, aufzubewahren, und nach der Befreiung der Jüdischen Gemeinde zurückzugeben. Dieser Davidstern wurde auf der Kuppel der Synagoge angebracht. 2001, nach dem Bau und der Einweihung der großen „Neuen Synagoge" auf dem Platz der ehemaligen „Semper Synagoge" wurde dieser Davidstern in die Eingangstür der Synagoge eingefügt. Die jetzt wieder zur Trauerhalle gestaltete „Kleine Synagoge" in der Fiedlerstraße 3 erhielt einen neuen Davidstern.

Der plötzliche Tod meiner Mutter im August 1952 war schwer zu verkraften, hinterließ einen tiefen Riss in unserem Familienleben. Plötzlich hatte ich, gerade 17jährig und am Beginn meines Berufslebens, einen Haushalt zu führen, in noch wirtschaftlich schweren Zeiten. Mal so eben einkaufen ging nicht, die Lebensmittelkarten regelten die Versorgung.

Mein Traum, einen Beruf im Kostümbereich zu erlernen, erforderte eine entsprechende Berufsausbildung. So verließ ich das Gymnasium. Nach Abschluss der Berufsausbildung mit Auszeichnung und einem Diplom durfte ich die Meisterakademie bereits im Alter von 23 Jahren besuchen, was eigentlich erst im Alter von 25 Jahren möglich war. Nach Abschluss der Meisterakademie war ich 32 Jahre erfolgreich an Theatern und beim Fernsehen leitend im Kostümbereich tätig. Dieses Ziel zu erreichen, war nochmals ein steiniger Weg.

Keine Frage, dem Freundes- und Bekanntenkreis der verschiedensten Ausbildungs-und Arbeitsstätten, ob privat, städtisch oder staatlich, war bekannt, dass ich praktizierende Jüdin bin. Weder damals noch heute habe ich persönliche Anfeindungen erlebt. Einige meinen: „Du warst ja die Tochter des Präsidenten der Jüdischen Gemeinden in der DDR sowie des Vorsitzenden der Jüdischen Gemeinde Dresden." Die Funktion, die er von 1953 bis 1987 innehatte. Wer wusste das schon, ich lebe seit 50 Jahren nicht mehr in Dresden. Oft war ich mit der Frage konfrontiert: „Kennen Sie den Herrn?" Meine Antwort: „Seit Geburt!" Oft wurde ich mit großen Augen angeschaut und mein Gegenüber meinte: „Sie sind ja wie wir!" Welch Beruhigung!

In einer Nischengesellschaft habe ich mich nie gefühlt, sicher hatte das stets mit meiner Offenheit dem Gegenüber zu tun. Einige Menschen haben sich in eine Nische begeben, weit nach dem Holocaust Geborene, die selbst oder deren Familienmitglieder in exponierten oder öffentlichen Positionen waren. Es ist und war jedem selbst überlassen, sich zur Religion zu bekennen oder nicht. Verboten war Religion nicht in der DDR, nicht besonders erwünscht, war eine andere Sache.

---

5  „Schabbat"-Feiern.

Nur fiel mir nach 1989 auf, dass in Biographien, die wie Pilze aus dem Boden schossen, plötzlich jüdische Großmütter in Erzählungen und viele Personen jüdischer Abstammung väterlicherseits auftauchten. Das waren halachisch keine Juden, denn ein Magen David am Hals macht niemanden zum Juden!

Es war uns zu DDR-Zeiten bewusst, dass die Existenz von noch so kleinen Jüdischen Gemeinden ein Aushängeschild und ein Prestigeobjekt des Staates war, das gepflegt wurde. Denn die paar hundert Juden, vorwiegend alte Leute, spielten unter 17 Millionen Bürgern keine Rolle. Der biologische Exodus war vorprogrammiert und in vollem Gange.
Die Öffnung der Grenzen, den Fall der „Mauer" erlebte ich in der 300 Kilometer entfernten Stadt Karl-Marx-Stadt, heute wieder Chemnitz. Mein erster Gedanke, eine Beruhigungs-tat der DDR-Herrschenden, nicht für ewig, Hauptsache friedlich. Doch die Utopie wurde wahr, das vereinigte Deutschland, ein demokratisches Deutschland, in dem die Zuwande-rung jüdischer Menschen aus vielen Nationen der GUS-Staaten die Jüdischen Gemeinden stärkten und neue Gemeinden entstanden, jedoch gleichzeitig durch Mentalität, Sprache sowie Sozialstruktur das jüdische Leben in Deutschland veränderte. Synagogen wurden und werden gebaut, so auch in Dresden und Chemnitz, jüdische Kindergärten und Schu-len entstanden, sowie andere kulturelle Einrichtungen.

Ich konnte die wenigen Nachfahren aus Dresden, deren Eltern durch Jugendverschickung in den 1930iger Jahren nach Palästina und Südafrika emigriert waren, kennenlernen und in Kapstadt oder in Jerusalem besuchen. Kinder und deren Enkel sowie die Familie meines Bruders sind heute meine Verwandten. Durch den Mord an anderthalb Millionen jüdi-schen Kindern fehlen uns für immer Generationen! Im März 2017 verstarb mein Bruder Heinz-Joachim seligen Angedenkens. Nach seiner beruflichen Tätigkeit als studierter Wirt-schaftswissenschaftler war er ebenfalls in leitenden Funktionen der Jüdischen Gemeinde Dresden und im Zentralrat der Juden in Deutschland, zuletzt im Präsidium. Aufgrund un-serer Geschichte waren wir besonders geschwisterlich verbunden,

Dass wir in diesem Maße Antisemitismus, Hass, Tätlichkeiten gegen Juden und alles Frem-de heute erleben müssen, ist mit normalem Menschenverstand kaum zu begreifen. Dass Juden, jüdische Einrichtungen, Synagogen, Menschen, die wie in Halle G'ttesdienst feiern und in Gebeten an Yom Kippur, am höchsten jüdischen Feiertag, im Gespräch mit G'tt[6] versunken sind, angegriffen werden, ist besonders für Holocaustüberlebende, die persön-lichen Verfolgungen ausgesetzt waren, ein traumatisches Ereignis, das uns bis ans Ende unserer Tage belasten wird. Wie geht es eigentlich Dir, Euch, die ihr als Kinder dem Tod täglich ins Auge gesehen habt? Diese Frage hat uns keiner gestellt.

Wenn nicht endlich dem antisemitischen Treiben mit aller Härte vorhandener Gesetze begegnet wird, der verbalen Ächtung, getarnt als Meinungsfreiheit, Grenzen, auch den künstlerischen, gesetzt werden, geht die Angst um. Angst wäre das Schlechteste, um am gesellschaftlichen Leben teilzunehmen, ja in Deutschland zu leben.

---

6    G'tt ist eine vermeidende Schreibweise für das Wort Gott im Judentum. Der heilige Höchste ist weder mit Worten noch mit Bildern darzustellen.

Natürlich frage ich mich, was dürfen wir als Beleidigung empfinden, wenn das Oberlandgericht in Naumburg in einem Urteil feststellt, dass das Relief „Die Judensau" an der Stadtkirche der Lutherstadt Wittenberg aufgrund einer Erklär-Tafel keinen beleidigenden Charakter mehr haben soll. Meine Devise war bisher, wer den Holocaust überlebt hat, überlebt auch alles andere. Diese Devise muss ich wohl überdenken.

Wenn Veröffentlichungen wie „Mein Kampf" mit wissenschaftlich kommentierter Begleitung als Nachdruck zugelassen werden, wundere ich mich nicht, dass Menschen in ihrem Denken vergiftet werden, die nie Krieg oder Verfolgung durchlebt haben, ja im vereinten Deutschland in der Bundesrepublik geboren wurden. Wenn Angriffen nicht nur gegen Juden, dem Morden aus Menschenhass das Mäntelchen der Unzurechnungsfähigkeit übergestülpt wird, frage ich mich: „Wer gestattet diesen Personen u.a. Schießsportler, Waffenbesitzer zu sein?" Leider keine Einzelfälle.

Was sagte der von den Nazis verfemte Erich Kästner in seinem Gedicht „Ein alter Mann geht vorüber" (1933/1946), eine der Strophen ist mir bis heute in Erinnerung geblieben:
„Wir hofften. Doch die Hoffnung war vermessen.
Und die Vernunft blieb wie ein Stern entfernt.
Die nach uns kamen, hatten schnell vergessen.
Die nach uns kamen, hatten nichts gelernt."

Leider wahr! Deshalb werde ich, solange es die Gesundheit erlaubt, über unsere Lebensgeschichte, mein Wissen über das Judentum, nicht nur über Religion, sondern auch über unsere Teilhabe an der deutschen Gesellschaft in Wissenschaft, Handel und Kultur während vieler Jahrhunderte lang, öffentlich sprechen. Das bin ich meiner Mutter schuldig, die ihr Leben einsetzte, um uns zu retten. Trotz Warnungen 1933 aus Liebe und Mut einen Juden heiratete. Sie wollte zum Judentum konvertieren, was ihr jedoch in jener Zeit nicht mehr möglich war. 1948 war unsere Mutter dann eine der Ersten, die bei Landesrabbiner Martin Riesenburger zum Judentum konvertierte.

Aber auch allen, die die Befreiung und das heute wieder vereinte Deutschland nicht erleben durften, widme ich meine Vorträge und Artikel. Mein Rentnerdasein wird weiterhin von den bisher hunderten Begegnungen mit Schulklassen, Interessengruppen aus allen Bevölkerungskreisen der Stadt, des Umlandes, in anderen Bundesländern, Volkshochschulkursen, Seminaren der Landeszentrale politische Bildung Sachsen, Begleitung von Abiturienten und Studenten zu Abschlussarbeiten jüdischer Themen geprägt sein.

Die Wissenslücken aller Generationen über Nationalsozialismus und Holocaust sind erschreckend. Leider wird diesen so wichtigen Themen der Geschichte des 20. Jahrhunderts noch immer ungenügend Platz und Zeit in Lehrplänen und Lehrveranstaltungen eingeräumt. Denn der Nationalsozialismus hat nicht nur über sechs Millionen Juden, sondern unwiederbringliches Kulturgut in Deutschland und Europa vernichtet.

**Renate Aris,** geboren 1935 in Dresden, war 32 Jahre lang an Theatern und beim Fernsehen leitend im Kostümbereich tätig. Die ausgebildete Gewandmeisterin ist seit 1987 Mitglied der Jüdischen Gemeinde Chemnitz, war dort 15 Jahre lang stellvertretende Vorsitzende und 12 Jahre lang Präsidiumsmitglied des Landesvorstandes der Juden in Sachsen. Sie ist Vorsitzende des 1999 von ihr gegründeten Frauenvereins der Jüdischen Gemeinde Chemnitz. 2003 erhielt sie in Jerusalem ein Zertifikat der „United Jewish Federation of Pittsburgh". 2008 Verleihung des „Goldenen Meisterbriefs". 2012 Eintragung ins Goldene Buch der Stadt Chemnitz. 2016 Verleihung des Verdienstordens des Freistaates Sachsen.

Heinz-Joachim Aris. Foto für Kennkarte, 1937
Renate Aris, Heroldstraße 14, 1937
Foto: Otti Kaiser, Dresden, Lüttichaustr. 12
„Kennkarte Deutsches Reich",
ausgestellt durch den Polizeipräsidenten zu Dresden am 8. März 1939.

Foto, 2020. Sharon Adler.

# Luba Meyer

## Meiner Oma, Emilia Manjuk, geborene Mussel gewidmet
## Warum über sich schreiben?

Als der Anruf von Frau Weissberg kommt, bin ich überrascht und antworte, dass ich es versuchen könnte, über meine jüdische Identität zu schreiben. Wir kennen uns nicht. Ich war zufällig auf einer Lesung ihres Buches „Beidseits von Auschwitz"[1] und Podiumsdiskussion in Merseburg, die im Rahmen der dort gezeigten Ausstellung „Auschwitz 75 Jahre danach" stattfand. Herr Wetzel, der Vorsitzende der Geschichtswerkstatt Merseburg Saalekreis e.V., hat mich für das Buchprojekt „Halle ist überall – Stimmen jüdischer Frauen" vorgeschlagen, da ich noch vor kurzem in Halle (Saale) gewohnt und das Attentat auf die Synagoge am 9. Oktober 2019 als Beterin erlebt habe.

Zu mir. Ich heiße Luba Meyer, bin in einer säkularen jüdischen Familie aufgewachsen und in zweiter Ehe verheiratet. Zwei wunderbare Kinder aus erster Ehe bereichern unser Leben. Als ich elf Jahre alt war, wanderte ich mit meiner ganzen Familie (Großeltern, Eltern, Kinder) aus St.Petersburg (Russland) nach Deutschland aus. In Halle absolvierte ich mein Abitur und ein Gesangsstudium. Ich arbeite freischaffend als Sängerin und Gesangslehrerin. Gesangspädagogisch bin ich am Institut für Musikpädagogik der Martin-Luther-Universität Halle-Wittenberg und am Konservatorium „G.F. Händel" tätig. Das Konservatorium ermöglichte mir 2017, die Abteilung Gesang / Jiddisches Lied zu gründen. Als Sängerin arbeite ich seit 2015 mit dem Ensemble Rozhinkes (Jiddisch: Rosinen) aus Leipzig. Wir haben uns auf jüdische Musik, insbesondere Klezmer und Jiddische Lieder, fokussiert. 2016 bin ich dank des Programms „Jewish Women's Renaissance Project" (JWRP) von der Organisation Momentum zum ersten Mal nach Israel gereist. Diese Reise wurde zum Wendepunkt in meinem Leben und in meiner jüdischen Identität.

Darüber möchte ich ausführlicher schreiben: In Israel habe ich Menschen kennengelernt, die einen Glauben nach dem Einen G'tt[2], Hashem, leben. Mir wurde mein erster Siddur (jüdisches Gebetsbuch) geschenkt und zu Hause habe ich das Gebet entdeckt. Ich habe etwas verspürt, was ich mir später als die Nahrung der Seele erklären konnte. Zu Hause habe ich nach weiteren Quellen gesucht, um mein Wissen über jüdisches Leben zu erweitern. Ich war vorher schon Mitglied der Jüdischen Gemeinde Halle, hatte aber keine Leute in meinem Bekanntenkreis, die jüdisches Leben in ihrem Alltag lebten. Die Augen der Menschen, die ich in Israel traf, strahlten etwas Neues für mich aus. Eine Ehrerbietung vor G'tt? Eine Liebe zu dem Schöpfer und zu dem jüdischen Volk? Ich weiß es bis heute nicht. Es sind so viele Stufen und Hürden, die zu gehen sind. Ich ahnte, dass hier Fragen verborgen sind, die ich erkunden wollte.

---

1   Weissberg, Nea, Müller-Hohagen, Jürgen (Hrsg.) Beidseits von Auschwitz - Identitäten in Deutschland nach 1945. Berlin.

2   G'tt ist eine vermeidende Schreibweise für das Wort Gott im Judentum. Der heilige Höchste ist weder mit Worten noch mit Bildern darzustellen.

Dass ich diesen Weg gehen möchte, der mich anders ins Leben schauen lässt. Auf diesem Weg begleitet mich mein Mann aus vollem Herzen. Meine Tochter ist noch in einem schönen jungen Alter, in dem sie alles mitnimmt, was wir ihr anbieten. Mein jugendlicher Sohn beobachtet diesen Weg mit einer emotionalen Distanz, und wir lassen ihm diese Entscheidungsfreiheit.

## Meine Großmutter

Wenn ich an meine jüdische Identität denke, kommt mir als erstes meine Oma mütterlicherseits in den Sinn. Emilia Manjuk, geborene Mussel, von uns Enkeln, wie in Russland üblich, liebevoll Baba Mila genannt. Sie hatte sich, wie ich annehme, nicht als gläubige Frau empfunden. Das sowjetische Russland hatte in ihrer Familie, wie in so vielen, den Glauben unterdrückt. Was nicht zerstört werden konnte, sind Werte, die ich später für mich als jüdisch einordnete, als sich mein Interesse dem Thema zuwandte, was eine jüdische Familie ausmacht. Baba Mila schaffte um sich herum eine echte jüdische Familie, deren Zentrum sie unangefochten und unumstritten war. Erst später verstand ich, dass so eine Familie nicht selbstverständlich war und nicht jede so eine Großmutter hatte.

Ich schlüpfe in die Perspektive des Mädchens von damals und versuche die Welt nun noch einmal mit meinen Kinderaugen zu sehen. Ich weiß, dass sich Oma immer auf uns Enkel freut. Das sehe ich an ihrem breiten Lächeln, mit dem sie uns, mich und meine Schwester, und später unseren Cousin immer empfängt. Sie macht die leckersten Speisen. Kohlkuchen, runde Quarktaschen, mit Hackfleisch gefüllte Bliný (Eierkuchenfladen). Für uns Kinder steht im Wohnzimmer ein kleiner Couchtisch. Wir dürfen vor den Erwachsenen essen und bekommen kleine Extras, auf die die Erwachsenen manchmal von oben ein bisschen neidisch herunter gucken.

Ich durfte miterleben, wie meine Kinder von meiner Oma auf die gleiche Weise wie wir früher verwöhnt wurden. Noch im Krankenhaus, als wir Oma besucht hatten, nachdem von den Ärzten das verhängnisvolle Urteil „Krebs" ausgesprochen wurde, hatte die Oma den Kindern versprochen, für sie ihre Lieblingssuppe zu kochen, wenn es ihr wieder besser ginge. Es sollte nicht mehr dazu kommen. Wenn sich meine Tochter an ihre Urgroßmutter erinnert, kullern aus ihren schönen Augen große Tränen. Mein Sohn verbreitet gerne die Legende, dass die Hühnerbrühe von Baba Mila einfach unerreichbar gut war und niemand diese jemals so gut nachkochen wird. Dann fällt mir immer wieder der Spruch meiner Oma ein: „Lerne von mir, solange ich lebe." Leider dachte ich immer, dass ich noch viel Zeit habe.

Aber zurück zu der Zeit, als sie noch bei uns war. Bei Oma ist es immer warm, aufgeräumt, gemütlich. Oma sieht immer gepflegt aus und riecht gut. Bei der Begrüßung freut man sich darauf sie zu umarmen und zu knuddeln. Mit wachem Blick passt sie genau auf, dass der Opa ordentlich aussieht, was er mit Humor über sich ergehen lässt. Oma und Opa schätzen und mögen ihre kleine Zweizimmer-Wohnung in Leningrad, in der sie zusammen beinahe ihr ganzes Leben verbracht haben und ihre beiden Töchter großgezogen haben. Als Kind ist es mir nie in den Sinn gekommen, dass es vielleicht eng sein könnte. In den Ferien darf ich manchmal bei Oma wohnen und Opa flechtet mir mit seinen kräftigen Händen so starke, ordentliche Zöpfe, dass ich glaube, von dem Ziehen asiatisch auszusehen. Ich liebe es, vor dem Einschlafen die Muster an dem Wandteppich und die Figuren der Öllampe zu beobachten.

Später schätzen und mögen Opa und Oma ihre kleine Wohnung in Halle-Neustadt und machen sie zu einem Ort, an dem sich die ganze Familie gerne um den Tisch herum versammelt. Alle Feste werden immer zusammen gefeiert. Zu diesen bereitet sich die Oma wochenlang vor. Es werden keine jüdischen Feste gefeiert und Oma führt keine koschere Küche. Wir kennen keinen Schabbat, jedoch wird jedes Jahr zum „Neuen Jahr-Fest" stolz der schön mit Karottenstückchen und Roter Beete geschmückte „Gefilte Fisch" präsentiert. Manchmal werden aus Matze-Mehl zubereitete Bällchen zu der geliebten Hühnersuppe gereicht, jedoch wissen wir kaum etwas über Pessach[3]. Es sind Überbleibsel vom vergangenen jüdischen Leben aus ihren Familien, die manchmal blitzartig auftauchen. Was wir aber sehen, ist die Bedeutung der Familie. Für Oma steht Familie trotz eines erfolgreichen Berufes als Betriebsleiterin bei der Theater-Künstlervereinigung Leningrads an erster Stelle. Oma interessiert sich für jeden in der Familie. Sie ist unser „Informationsbüro". Wenn du wissen willst, wie es dem und dem geht, oder wann jemand aus der Familie Geburtstag hat, frag Oma. Oma plant auch für jeden frühzeitig ein kleines Geschenk.

Meine Mama erzählt mir, dass Oma ohne Vater aufwuchs und ihr ganzes Wissen Büchern zu verdanken hatte. Ihr Vater starb durch Hunger und Krankheit geschwächt bei der so genannten Leningrader Blockade im II. Weltkrieg. Ihre allein mit zwei kleinen Kindern gebliebene Mutter (meine Urgroßmutter) war eine einfache Frau ohne Ausbildung, eine ehemalige Hausfrau, die daraufhin täglich 12 Stunden in einem Fischgeschäft arbeitete, um ihre Familie zu ernähren.

Meine Oma Baba Mila blieb den Büchern bis zum Schluss dankbar und treu. Ihr Wesen war geprägt durch Selbstdisziplin und eine große innere Stärke. Als die Diagnose „Krebs" über sie hereinbrach, entschied sie aus Sorge um ihren Mann, ihn nicht damit zu belasten. Das Wissen, dass sie sterbenskrank ist, hätte ihn zu viel Leid gekostet. So wusste er bis zum Ende nicht, wie schwer seine Frau erkrankt war, hörte sie nie über ihr Schicksal klagen und jammern. Auch ohne diese Gewissheit war er stets an ihrer Seite.

Was zurück bleibt, ist das Gefühl, ein großes Vorbild von einem besonderen Menschen vor meinem inneren Auge zu haben und bedingungslos geliebt worden zu sein. Das sind Wurzeln, die einen prägen, in schweren Zeiten Halt geben und aufrichten. Das ist ein Kapital, welches ich das Glück habe, auf meinen Lebensweg mitzunehmen.

---

**3** Fest zur Erinnerung an den Auszug aus Ägypten.

## Vier Jahre jüdisches Leben, ein Rückblick

Als ich mich 2016 entschied, nach G'tt zu suchen, schien es mir, als ob ich vom Himmel Unterstützung bekommen würde. Ich lernte eine liebe nicht-jüdische Freundin kennen, die mich bei allen meinen ersten Schritten ins Unbekannte begleitete und ermunterte, diesen Weg zu gehen. Ich feierte meinen ersten persönlichen Schabbat, sang, tanzte, betete und lud Gäste ein. Ich lernte mehr über jüdische Feste, fand einen Reichtum an Quellen über jüdisches Leben, Familie und Ethik und die Führung eines koscheren Haushalts. Irgendwann war ich soweit, dass ich mich in einer Synagoge heimisch fühlte. Die meisten Veränderungen passierten aber nicht äußerlich, sondern in mir drin. Etwa ein Jahr später lernte ich meinen jetzigen nichtjüdischen Mann kennen, der mit mir diesen Weg geht, auf dem wir versuchen, uns gegenseitig eine Stütze zu sein. Ich fühle mich heute wie ein anderer Mensch. Mein Leben hat sich sehr gewandelt. Heute ist es der Glaube, der mich lenkt, alles ordnet und mich durch jede Lebenssituation hindurch trägt. Ich genieße eine Ruhe und Zufriedenheit in dem Hier und Jetzt zu sein und das zu tun, was gerade wichtig ist. Meine jüdische Identität ist für mich die Richtung zu G'tt und zum Wachstum. Ein sich Lösen von eigenen Begrenzungen im Kopf. Ein Entwirren des Chaos. Heute sehe ich vieles mit anderen Augen. Das Judentum hat mich unter anderem gelehrt, dass es wichtig ist, Menschen zu helfen. Jede Mizwa, jede kleine gute Tat, bestärkt mich. Der jüdische Glaube ist für mich der Schlüssel, wie der Umgang mit mir selbst und meiner Umwelt gelingt. Der Erbauer kennt sein Werk am besten und lehrt uns, wie man damit umgeht.

## Nach Halle

Wir wohnen nun seit mehreren Monaten nicht mehr in Halle. Am Tag des Anschlags auf die Synagoge in Halle am 9. Oktober 2019 sind wir zusammen mit meinem Mann früh zum Yom Kippur G'ttesdienst in die Synagoge gekommen, um den Tag im Gebet zu verbringen. Ich hatte schon im Jahr zuvor erlebt, welche Wirkung Yom Kippur auf mein Leben hatte und wollte diese Erfahrung nun mit meinem Mann teilen. Für ihn war es sein erstes Yom Kippur in einer Synagoge. Eine Gruppe aus Berlin, deutsche und amerikanische Juden und Jüdinnen, war in Halle zu Gast, weil sie den G'ttesdienst ruhig in einer kleinen Stadt verbringen wollte. Welche Ironie des Schicksals! Was beim Anschlag passierte, konnte man später in allen möglichen Ausführungen lesen.

Welche Gedanken schossen mir durch den Kopf in dieser Situation?
Ich war froh, dass die Kinder nicht dabei waren. Ich war froh, dass mein Mann an meiner Seite war. Wir hatten vor, den ganzen Tag zu beten und taten das auch. Ich war froh, dass die Gruppe aus Berlin dabei war. Ihre bestärkenden Gesänge waren für alle eine große Stütze. Die bedrohliche Situation von außen ließ uns unsere Gebete intensiv erleben. Ich dachte darüber nach, dass ich auf dieser Welt noch gebraucht werde, dass meine beiden Kinder auf mich warten.

Als wir am Ende befreit und vorsorglich in ein Krankenhaus gebracht wurden, beendeten wir dort den Yom Kippur G'ttesdienst, sangen, tanzten und feierten voller Dank an den Schöpfer das Leben. „Am Israel Chai" – „Das Volk Israel lebt".

Wir waren erfüllt von Dankbarkeit, dass wir, gegen die sich der Angriff gerichtet hatte und die wir getötet werden sollten, davor bewahrt wurden. Stattdessen, wie wir später erfahren haben, ermordete der Attentäter wahllos zwei Passanten. Eine Frau vor der Synagoge und einen Mann in einem nahegelegenen Döner-Imbiss. Ich denke daran, dass das große Leid der Menschen, die damit einen Verwandten, einen Freund oder eine Freundin durch Mord verloren haben, unvorstellbar schmerzhaft ist. Ich hoffe, dass jemand für diese Menschen da ist, dass sie getröstet werden können.

Wie ordne ich die Situation im Nachhinein für mich ein?

Ein vom Hass Getriebener, ein Judenhasser, hat versucht Unheil anzustiften. Trotz größter Vorbereitung wurden seine Pläne umgewendet. So sind am 9. Oktober 2019 in Halle für mich Wunder geschehen, die mir zeigen, dass der Schöpfer an unserer Seite weilte und uns beschützte. Die Molotov-Cocktails zündeten nicht, die Sukka (Laubhütte) brannte nicht, die Holztür ließ sich nicht öffnen, hielt der Gewalt und den Schüssen stand. Eine ältere Dame aus der Gemeinde, die mittags zum Yom Kippur-Gottesdienst kommen wollte, entschied spontan, zu Hause zu bleiben. Das war für mich keine Kette von Zufällen, sondern Mittel, mit denen sich der Schöpfer auf dieser Welt sichtbar macht.
Solche Stefan Bs., die aus Lust und Grausamkeit heraus Juden verfolgen und töten, gab es zu allen Zeiten. Manchmal frage ich mich: Wie lange wird es sie noch geben? Wie entsteht Menschenhass und Hass gegen Juden? Was steckt dahinter? Welche Taten werden in Zukunft vielleicht mit Israelkritik gerechtfertigt?
Wird Deutschland für immer mein Zuhause bleiben?


**Luba Meyer** (ehem. Claus). Luba Meyer wurde 1985 in Leningrad geboren und wanderte mit ihrer Familie im Alter von elf Jahren nach Deutschland aus. Sie studierte in Halle/Saale Gesang und Gesangspädagogik und widmet sich seit vielen Jahren intensiv der jiddischen Liedtradition. Neben ihrer regen Konzerttätigkeit unterrichtet Luba Meyer Gesang am Institut für Musikpädagogik der Martin-Luther-Universität Halle-Wittenberg und am Konservatorium „G.F. Händel" in Halle. Sie konzertiert seit 2015 regelmäßig mit „Rozhinkes" und begleitete das Ensemble u.a. auf der Israelreise 2016.

Luba Meyers Großmutter: Emilia Manjuk, geb. Mussel als junge Frau in den 50-er Jahren in Leningrad.

Foto, Privatbesitz. Bildbearbeitung, Grafische Werkstatt.

# Alexandra Jacobson

## Auf schwankendem Boden

Die Nachrichten aus Halle erreichten mich an Yom Kippur[1] 2019 in meiner Synagoge in Berlin gegen Mittag. Zunächst kamen mir die Meldungen aus Sachsen-Anhalt - Anschlag auf eine Synagoge mit Maschinengewehr und Sprengsätzen, Täter auf der Flucht, mindestens zwei Tote – wie Morsezeichen aus einem Paralleluniversum vor, zu sehr war ich noch eingesponnen in den Feiertags-Kokon. Ich bin nicht sehr religiös, aber ich liebe den Versöhnungstag, die festliche Stimmung in der Synagoge, das Fasten, die Gesänge, den durchdringenden Ruf des Schofars[2]. Ich fühle mich meistens an diesem Tag gestärkt, beschwingt, versöhnt mit der Welt. Nicht so am 9. Oktober 2019. Als ich begriff, was passiert war, war ich wütend, hilflos, verzweifelt. Es gab schon einmal eine Zeit in Deutschland, wo allein die Tatsache, jüdisch zu sein einem Todesurteil gleichkam. Dass ein junger Deutscher plante, an dieser entsetzlichen Tradition der Nazi-Zeit anzuknüpfen, irritiert mich bis heute.

Der Rechtsterrorismus in diesem Land hinterlässt eine breite Blutspur und bedroht nicht nur die jüdische Minderheit. Vor Halle kam der Mord an dem hessischen CDU-Politiker Walter Lübcke und bereits davor hatte der „Nationalsozialistische Untergrund" über Jahre hinweg gezielt muslimische Einwanderer umgebracht. Und der jüngste Anschlag von Hanau mit seinen zehn Toten ist noch frisch im Gedächtnis.

Halle erweckt besonders bei uns Juden Erinnerungen an die deutsche Vergangenheit. Ich weiß, dass dieser Anschlag wieder einmal die Angst verstärkt. Die Angst, die nach 1945 nie ganz weg war.

Ich kenne Menschen, die nicht wollen, dass jemand weiß, dass sie Juden sind. Weil sie unsicher sind, wie die Umgebung reagiert. Und das nicht erst, seit sich das Wort „Jude" auf Schulhöfen als Schimpfwort etabliert hat. Jüdische Existenz wird mit Tabus und Sprechverboten belegt, als handele es sich um eine Art ansteckende Krankheit. Zum Beispiel haben einige christliche Familien Probleme mit jüdischen Schwiegertöchtern oder -söhnen: „Bloß nicht darüber reden und es niemandem sagen", wenn sich in die eigene Familie – oh Schreck – ein Jude oder eine Jüdin verirrt hat. So sieht die Realität in Deutschland auch noch im Jahr 2020 aus.

---

1   Versöhnungstag.

2   Schofar: Widderhorn, ein Signalhorn. Dieses Widderhorn symbolisiert das Tier, das für Isaak geopfert wurde und wird als Buße an Rosh ha Schana und beim Ausgang der Andacht am Yom Kippur geblasen.

Warum sind die Juden und Jüdinnen in einigen christlichen Familien zum Schweigen und zur Unsichtbarmachung verdammt? Weil man sich sonst eventuell fragen müsste, was in der eigenen Familie los war im Dritten Reich. Und solcher Selbstbefragung weicht man in „normalen" deutschen Familien beharrlich aus. Daran haben die Rebellion der 68er und die Flut an Gedenkfeiern nicht das Geringste geändert. Wie groß waren etwa bei Oma und Opa die Begeisterung über Hitler? Wie stark der Neid und der Hass auf die Juden? Wie sehr hat die eigene Familie von der Enteignung der jüdischen Nachbarn profitiert? So viele Fragen und so wenige Antworten.

Halle war nicht der erste Schock-Moment in meinem Leben als Jüdin und er wird nicht der letzte sein. Denn der Antisemitismus war nie weg. 1957 waren meine Eltern mit meiner Schwester und mir aus dem Exil in Costa Rica nach Deutschland zurückkehrt. Als ich sechs Jahre alt war, kam ich 1960 in Hannover in die Volksschule. Ein Mitschüler mit Namen Wilfried, auch er sechs Jahre alt, verkündete mir gegenüber triumphierend: „Mein Vater sagt, dich können sie heute immer noch vergasen". An mein Entsetzen damals kann ich mich genau erinnern, an das Gefühl, als ob der Boden unter mir zu schwanken beginnt. Niemals werde ich auch den Abzählreim vergessen, an dem die Kinder in meiner Straße trotz Intervention meiner Eltern hartnäckig festhielten: „Hinter einer Bude sitzt ein alter Jude, hat den Kopf voll Läuse, piepen wie die Mäuse."

Ich will keinen falschen Eindruck vermitteln, meine Kindheit und Jugend bestand keineswegs aus einer Kette von Demütigungen. Ich ging gerne in die Schule, vor allem aufs Gymnasium. Trotzdem hatte ich im Lauf der Zeit die Erkenntnis gewonnen, dass man leichter durchs Leben kommt, wenn man hierzulande sein Judentum als Thema nicht zu sehr in den Vordergrund rückt. Wenn Menschen nichts über meine Herkunft wussten, war mir das ganz recht. Seit einigen Jahren sehe ich das anders. Ich glaube, dass wir uns zu unseren Wurzeln bekennen sollten. Zum einen, weil ich den alten Traum von einem unverkrampften, respektvollen Umgang zwischen Juden und Nichtjuden in diesem Land nicht aufgeben möchte. Zum anderen, weil wir, die so viel über die furchtbare Macht des Ressentiments wissen, unsere Stimmen gegen den erstarkenden Antisemitismus und den wachsenden Rassismus erheben müssen – egal, ob er von alten oder neuen Nazis ausgeht, von der AfD, den Islamisten oder der extremen Linken.

Seit dem Anschlag in Halle erinnere ich mich häufiger an meine eigene Familiengeschichte. Vor einhundert Jahren war in der Familie meiner Mutter Antisemitismus kein Thema. Marta Mayer, geboren im Jahr 1913, stammte aus Koblenz. In ihrer Familie war man in erster Linie deutsch, danach Rheinländer und dann jüdisch, und hatte das gute Gefühl, in der Mitte der Gesellschaft angekommen zu sein. Dieser Familiengeschichte fühle ich mich eng verbunden - selbst heute, nach der Shoah, empfinde ich mich trotz aller historischen Brüche als Deutsche. Ja, auch wir Juden können Deutsche sein, selbst wenn uns die Gesellschaft gerne als „Fremde" abstempelt. Wäre es anders, hätte Hitler gesiegt.

Als mein Urgroßvater Daniel Kombert 1921 mit 63 Jahren starb, begleiteten hunderte Koblenzer den Leichenzug zum jüdischen Friedhof. Daniel Kombert war Metzger wie schon sein Vater und sein Großvater zuvor. Er hatte 1882 die jüdische Kaufmannstochter Fanny Siegler aus Binningen geheiratet und hatte sieben Kinder gezeugt. Daniel Kombert war beliebt, er galt als warmherzig und großzügig. In seiner Fleischerei verkaufte er jeden Tag eine warme Suppe, für die Kinder hatte er immer eine Scheibe Wurst über und als überzeugter Rheinländer war er natürlich aktives Mitglied im örtlichen Karnevalsverein.

Schon 1851 hatte die Koblenzer Jüdische Gemeinde mit ihren damals 400 Mitgliedern die alte Synagoge in einem versteckten Winkel der Stadt verlassen und einen repräsentativen Renaissancebau an einem der schönsten Plätze der Stadt bezogen – dem Bürresheimer Hof am Florinsmarkt. Dort beteten die mehrheitlich assimilierten und gut integrierten Juden nach liberalem Ritus. Zu den Hohen Feiertagen gastierten in der Synagoge oft Sänger aus dem Stadttheater.

Daniel Komberts älteste Tochter Lina, geboren am 5. November 1884 in Koblenz, war meine Großmutter. Ich besitze von ihr ein Gebetbuch: „Hanna, Gebets- und Andachtsbuch für israelitische Mädchen und Frauen". Die 1867 veröffentlichte Gebets- und Liedersammlung ist ganz in deutscher Sprache gehalten, hebräische Buchstaben haben hier nur noch schmückenden, ornamentalen Charakter. Das Buch ist ein gelungenes Beispiel für die nach Integration strebende Reformbewegung im Judentum. Anders als in unseren heutigen Gebetbüchern wurden etwa die Liedtexte nicht einfach wortwörtlich aus dem Hebräischen übersetzt, sondern es handelte sich um poetische Nachdichtungen. Das verleiht dem Gebetbuch eine eigenständige, ungewöhnlich heitere Note.

Das bekannte Schabbath-Lied „Lecha Dodi" etwa, das den Schabbath als Braut beschreibt, beginnt hier so: „Auf Auf!, mein Freund, und säume nicht, Sie kommt mit holdem Angesicht! O, lass' uns mit Verlangen / Die süße Braut empfangen / Ihr Angesicht ein Engelsbild, Ihr Blick ein Strahl so licht und mild, Ihr Mund, er ladet dich zum Kuß./ Ihr Kuß, der Wonne Hochgenuß! / Ihr Lächeln grüßt wie Sonnenschein, der leuchtet tief ins Herz hinein. Das ist ein Gruß, ein treuer: O, heil'ge Sabbathfeier."

Dass die Juden in der Mitte der deutschen Gesellschaft angekommen waren, zeigte sich auch an anderen Entwicklungen: Im Ersten Weltkrieg kämpften rund 100.000 jüdische Soldaten für Deutschland. 12.000 von ihnen fielen an der Front. Auch mein Großvater Julius Mayer zog 1914 „für Volk und Vaterland" in den Krieg. Der Frankfurter Textil-Kaufmann hatte Lina Kombert in Koblenz geheiratet und mit ihr zwei Töchter gezeugt. Meine Tante Ilse wurde Ende 1911 geboren und meine Mutter Marta kam 1913 auf die Welt. Mein Großvater Julius starb am 2. März 1915 auf dem Schlachtfeld im französischen Maison de Champagne. Er wurde 36 Jahre alt. Auf der Rückseite eines Fotos meines Großvaters notierte Lina Mayer: „Er war zu gut für dieses Leben, ich kann ihn nicht vergessen, obwohl ich nur vier Jahre mit ihm zusammen sein durfte."

Meine Großmutter war mit 31 Jahren Witwe und alleinerziehende Mutter geworden. Vom deutschen Staat erhielt sie eine posthume Medaille, die meinem Großvater „Tapferkeit vor dem Feind" bescheinigte. In einem Begleitschreiben an Lina Mayer hieß es „Der Dank des Vaterlands ist Euch gewiss". Für die rechtsnationalen Kräfte im „Deutschen Reich" war jedoch klar, dass an der Niederlage von 1918 neben Sozialdemokraten und Liberale auch die Juden schuld waren. Dass sie als Soldaten am Krieg teilgenommen hatten, interessierte nicht mehr.

Doch die jüdischen Erfahrungen in der Weimarer Republik lassen sich nicht auf einen einheitlichen Nenner bringen. Meine Mutter sagte immer, dass sie eine glückliche Kindheit erlebt hatte, frei von antisemitischen Übergriffen. Für meinen Vater hingegen stellte sich Deutschland schon in den 20er Jahren als Land dar, das keinen Halt mehr bot.

Mein Vater Joseph Jacobson, Jahrgang 1903, stammte aus Libau in Lettland. Dort sprach die jüdische Minderheit zu Hause deutsch und fühlte sich der deutschen Kultur stärker verbunden als der russischen oder lettischen. Als mein Vater Anfang der 20er Jahre nach Würzburg ging, um Medizin zu studieren, bereitete ihm Deutschland eine herbe Enttäuschung. Vier Semester konnte er in Würzburg studieren, dann war es vorbei. Burschenschaftler bildeten Ketten vor den Hörsälen und skandierten „Juden raus!". Niemand bremste sie. Und auch die Kommilitonen, die sich nicht an den Ausschreitungen beteiligten, wollten mit Juden nichts zu tun haben. Als mein Vater einmal zu einer privaten Feier eingeladen war, nahm ihn der Gastgeber beiseite: „Es macht ihnen doch nichts aus, wenn ich Sie als Herrn Jacoby vorstelle? Sie wissen schon, der Name Jacobson ist einfach zu verfänglich ..." Nach dem Physikum floh mein Vater nach Italien und beendete sein Medizinstudium in Pisa. Obwohl in Italien gerade Mussolini an die Macht gekommen war, wurden Ausländer und Juden zum Studium zugelassen und hatten dort keine Probleme.

Natürlich war es irgendwann auch in Koblenz mit der Idylle vorbei. Nach der Machtergreifung der Nazis änderte sich das einst so harmonische Zusammenleben von Juden und Nichtjuden. Es fing an mit den Boykottaufrufen gegen Geschäfte mit jüdischen Inhabern. Es folgte die sogenannte „Arisierung" des Wirtschaftslebens. Meine Großmutter Lina erlebte einen Schock, als 1935 an ihrem geliebten Schlosscafé in der Innenstadt ein Aushang auftauchte: „Juden und Hunden ist der Eintritt verboten!". Damals traf sie die Entscheidung, Koblenz zu verlassen. Sie nahm sich 1936 eine Wohnung im nahe gelegenen Boppard, weil sie glaubte, dass die Verhältnisse in einer Kleinstadt erträglicher wären. Das stellte sich jedoch als verhängnisvoller Irrtum heraus.

Meine Mutter Marta und ihre Schwester Ilse wohnten damals nicht mehr im Rheinland, Marta hatte in einer Chemnitzer Strumpffabrik eine Anstellung als Sekretärin angetreten, Ilse arbeitete als medizinisch-technische Assistentin in Hildesheim. Zum Glück hatte meine Großmutter darauf gedrungen, dass ihre Töchter einen Beruf erlernten. Lina Mayer hatte immer bedauert, dass sie selbst „nur" Mutter und Hausfrau war.

Marta und Ilse merkten aber bald, dass sie wegen ihrer jüdischen Herkunft beruflich keine Zukunft in Deutschland hatten. Der jüdische Freund von Ilse, ihr späterer Ehemann Hermann Heymann, hatte einen Vetter, der bereits nach Ecuador ausgewandert war. So beschlossen auch die Schwestern, nach Lateinamerika auszuwandern. Ilse und Hermann flohen 1937, Marta folgte Anfang April 1938. In Ecuador lernte meine Mutter dann später Joseph Jacobson kennen, der von Italien aus nach Lateinamerika emigriert war.

Als meine Mutter sich vor ihrer Ausreise 1938 von Lina Mayer in Boppard verabschiedete, umarmte sie sie und sagte: „Wenn der ganze Hitlerspuk vorbei ist, sehen wir uns wieder, gelt, Muttchen?" Lina Mayer, mit ihren 1,58 Metern genauso klein wie ihre Tochter, antwortete unter Tränen: „Aber natürlich, mein Liebes."

Meine Großmutter in Boppard dachte zunächst nicht an Emigration, schließlich war sie ja eine Kriegerwitwe und mit denen hatte Hitler doch bestimmt nichts vor, oder? Als sie ernsthaft eine Auswanderung zu ihren Kindern in Erwägung zog, war es schon viel zu spät. Das kleine Zeitfenster hatte sich unbarmherzig geschlossen. Am 8. April 1942 wurde Lina Mayer deportiert und im Vernichtungslager Sobibor ermordet. Als meine Eltern 1957 aus Lateinamerika nach Deutschland zurückkehrten, erfuhren sie, dass die meisten unserer Verwandten ermordet worden waren.

Für meine Großmutter Lina Mayer wurde am 13. Mai 2017 in Boppard ein Stolperstein gelegt – und zwar in der Fußgängerzone, vor ihrer letzten selbstgewählten Wohnung. Ich weiß, dass die Stolperstein-Verlegungen in den Jüdischen Gemeinden umstritten sind, ich bin jedoch eine Befürworterin dieser Aktion. Es war eine würdige Veranstaltung, die von vielen Menschen in Boppard begleitet wurde. Der Künstler Gunter Demnig verlegte an diesem Tag 16 Messingplatten. Ich war die einzige direkte Angehörige von einem der Opfer und habe auch eine kleine Rede über Lina Mayers Leben gehalten.

48 Stunden später, in der Nacht vom 14. auf den 15. Mai 2017, hat nach Mitternacht ein etwa 60jähriger Mann (wie später das Video einer Überwachungskamera zeigte) mit mitgebrachtem Werkzeug in der Bopparder Fußgängerzone den Stolperstein für meine Großmutter herausgerissen.

Der Boden schwankt immer noch - oder schon wieder?

**Alexandra Jacobson,** geboren 1954 in San José, Costa Rica. Ihre Eltern hatten sich nach ihrer Flucht aus Nazideutschland in Lateinamerika in der Emigration kennengelernt. Ihre Mutter stammte aus einer assimilierten jüdischen Familie in Koblenz, ihr Vater kam aus Libau in Lettland. 1957 kehrte ihre Familie nach Deutschland zurück. Alexandra Jacobson ist in Hannover aufgewachsen, hat als Redakteurin bei der Neuen Westfälischen in Bielefeld gearbeitet und ab 2003 bis zur Beendigung ihres Berufslebens als politische Korrespondentin in Berlin gelebt. Momentan beschäftigt sie sich mit einer Briefe-Sammlung aus der Familie ihrer Mutter, die das Leben der emigrierten Familienmitglieder widerspiegelt und das Leben derjenigen, denen die Flucht ins rettende Ausland leider nicht mehr gelungen ist.

Das Foto zeigt Lina Mayer, die Großmutter von Alexandra Jacobson. Aufgenommen wurde es während der Stolperstein-Verlegung am 13. Mai 2017 in Boppard. Auf dem Stolperstein steht. „Hier wohnte Lina Mayer geb. Kombert Jg. 1884 deportiert 1942 Krasniczyn Ermordet." Im polnischen Krasniczyn befand sich ein so genanntes Transitghetto, von dem aus die Transporte ins Vernichtungslager Sobibor organisiert wurden.

Foto: Ulrike Bremer

# Maya Zehden

## Im Auftrag – mein Jüdisch-Sein ist Einsatz für Israel

Die Nachrichten aus Halle fand ich unwirklich. Es kamen auch erstmal widersprüchliche, dann absurde Meldungen. Wieso hat der Typ, der es nicht in die Synagoge schaffte, diese Frau auf der Straße und den Mann im Dönerladen umgebracht? Dann habe ich das Video gesehen, das er selbst aufgenommen hat, mit der am Kopf befestigten Kamera, so dass der Zuschauer seinen Blickwinkel einnimmt. Er spricht darin englisch, dieses Denglisch mit sächsischem Akzent. Seine Aktionen sind nicht überlegt, seinen Opfern gegenüber ist er völlig emotionslos. Die Frau erschießt er im Vorübergehen wie man eine Mücke erschlägt. Den Mann im Imbiss erschießt er ebenso wahllos. Und während ich zuschaute, fragte ich mich, wo die Polizei bleibt. Das frage ich mich bis heute.

Ob ich mich als Jüdin wegen Halle anders fühle? Nicht wirklich. Ich bin total schockiert gewesen, weil die Menschen in der Synagoge schreckliche Angst gehabt haben müssen. Aber dieser Täter war allein, es war keine Gruppe mit am Start. Den Namen dieses Täters kennt man nicht, im Gegensatz zum Attentäter vom Breitscheidplatz oder den drei NSU Serienmördern. Denen gebe ich auch nicht die Ehre, sie zu nennen. Der Täter von Halle gehört in die Reihe der Menschen, die mit dieser Tat eine Verbindung zu gleichgesinnten rechtsextremen Terroristen in der Welt herstellen wollen – Utoya, Christchurch, Toronto, Halle, Hanau…. Ihnen allen geht es um Aufmerksamkeit und Anerkennung. Als Juden sind wir nur ein Kristallisationsobjekt der kranken Hirne dieser Männer. Wenn wir uns jetzt unsicherer fühlen, dann deshalb, weil wir immer wieder ausgewählt werden aus der Masse der möglichen Opfer. Uns wird klar gemacht, dass wir uns nie zu sicher fühlen dürfen. Und diese Überfälle finden in der ganzen Welt nach diesem Muster statt. Sie treffen immer vermeintlich Schwache, die man sich für seinen Hass aussucht: Kinder, Frauen, Christen, Juden, Muslime, Homosexuelle – was sich gerade anbietet. Es ist diese Wahllosigkeit, die rechtsextreme Fanatiker kennzeichnet. Sie sind weltweit vernetzt, kommunizieren hauptsächlich virtuell, und befeuern sich gegenseitig. Und Juden stehen immer auf ihrer Liste wie auch auf der von Islamisten. Das war mir schon vor Halle klar und deshalb fühle ich mich danach nicht anders.

Mein Augenmerk gilt dem, wie ich persönlich als Jüdin in Deutschland behandelt werde. Zuerst mal vorsichtig. Wer vorher unbedarft über Israel daher schwatzte, bekommt einen anderen Blick, wenn ich dagegen halte und man erfährt, dass ich Jüdin bin. Vor Jahren brach die Diskussion eher verschämt ab, heute wird auch mal richtig losgelegt über Siedlungen, über „die armen eingesperrten Palästinenser in Gaza", über „Wasser als Waffe"… Und ich als Jüdin soll ihr Halb- und Falschwissen legitimieren, indem ich ihre Behauptungen widerlege. Nach der gleichen Logik müsste mir jeder Deutsche die RAF, die Berliner Mauer und das Problem erklären, warum in deutschen Gefängnissen überproportional viele Menschen mit Migrationshintergrund sitzen, warum diese Gruppe weniger gute Schulabschlüsse hat, Schwierigkeiten in der Arbeitswelt … Müsste doch auch jeder Deutsche dafür verantwortlich sein, oder?

Ich nehme es persönlich, dass Israel immer wieder einseitig und irrational im Konflikt mit den Palästinensern verurteilt wird. Und wichtig: hier sind nicht die arabischen Israelis gemeint, immerhin 25 Prozent der Bevölkerung, viele Deutsche wissen gar nicht, dass es sie gibt, sondern die jüdischen. Da werden Maßstäbe an israelische Politik angelegt, die nur für dieses Land gelten – die berühmte Israelkritik. Und bei dieser Kritik werden die ständig stattfindenden Terrorangriffe von Palästinensern, die gruseligen, anti-israelischen Fernsehansprachen von palästinensischen Politikern und die Erziehung zum Hass ihrer Kinder nicht berücksichtigt. Das finde ich grundsätzlich ungerecht.

In jedem Gespräch, das ich zu dem Thema führe, in den meisten Zeitungsartikeln, die ich lese, in Fernsehbeiträgen und in Bildungseinrichtungen wird Israel kritisiert, weil auch jeder meint, dazu etwas Kritisches sagen zu müssen. Dem stehe ich als Jüdin sehr misstrauisch gegenüber.
Dann spielt für mich eine Rolle, dass es Politiker gibt, die den Holocaust klein reden. Oder dass ich in einigen Bezirken Berlins nicht als Jüdin erkennbar herumlaufen kann. Oder dass mich Leute fragen, wie das so ist, wenn man als Jüdin keine Steuern zahlen müsse.

Einen physischen Angriff gegen mich habe ich nicht erlebt. Aber man muss ja auch wissen, dass ich Jüdin bin, um mich anzugreifen. Aus Angst vor möglichen Angriffen wollen Manche nicht als Juden erkennbar sein.
Bei mir ist das anders. Seit meiner Schulzeit bin ich offen als Jüdin aufgetreten. Das war übrigens keineswegs immer schlimm. Im Gegenteil. In der Grundschule und in den zwei Gymnasien, die ich besucht habe, war ich die einzige Jüdin. Das machte mich zu etwas besonderem. Ich lernte, damit klar zu kommen, dass man mir Fragen stellte, die ich nicht beantworten konnte – die nach meiner Religion – aber das war schnell abgehakt. Freunde kamen gern zu mir nach Hause. Weil sie meine Mutter nett fanden, weil wir eine herzliche Familie waren und kein Besucher im Nebenzimmer warten musste, wenn wir etwas aßen.

Ich durfte ohne Einschränkung mit nicht-jüdischen Kindern spielen, anders als einige Kinder, die ich im Religionsunterricht in der Jüdischen Gemeinde in der Fasanenstraße kennenlernte. Sie waren auch teilweise zusammen im Kindergarten gewesen. Und fuhren dann mit ihren Freunden auf Machane[1]. Auf diesen Machanot habe ich zum ersten Mal erlebt, wie es ist, Außenseiterin zu sein. Ich habe damals gelitten, weil sich die Mädchen über mich lustig machten: über meine Garderobe, meinen (Mode-) Schmuck. Mein Platz wurde mir außerhalb des auserwählten Kreises derjenigen, die sich schon lange kannten, zugewiesen. Mein Heimweh war schmerzhaft, aber die drei Wochen gingen vorbei. Und ich hatte was fürs Leben gelernt.

---

1 Jugendreise.

Deshalb habe ich in meiner Schulzeit Mobbing nie zugelassen. Ich habe mich mit Gleichaltrigen ganz normal gestritten, aber nie mit Schwächeren. Die standen nicht unter meinem Schutz, ich war keine Kümmerin, aber sie wurden in Ruhe gelassen. Von mir und von den anderen. Da war es ein Vorteil, dass ich zu den Anführerinnen gehörte.

Aber es gab auch Nachteile, Anführerin zu sein. Die Lehrer nahmen mich gern in die Mangel, um der Klasse zu zeigen, wo der Hammer hängt. Heute muss ich sagen, bin ich ruhiger geworden. Aber gegenüber Ungerechtigkeit oder Leuten, die die Unwahrheit sagen, und gegen Arroganz bin ich heute noch genauso kämpferisch wie damals. Ich verpacke es nur geschickter. Lehrer mussten sich jedenfalls meinen Respekt erst verdienen. Und Mitschüler verfolgten immer genüsslich, wie ich mich als Angriffsziel anbot. Darum wurde ich oft, auch mit schlechteren Noten, gemaßregelt.

Und dann gab es einen, der mich ganz speziell auf dem Kieker hatte. In den Sechziger und Siebziger Jahren waren noch einige Lehrer mit ‚Vergangenheit' unterwegs. Aber schon damals traf mich das nur äußerlich, viel weniger als das Mobbing der anderen jüdischen Kinder. Ob dieser Lehrer wirklich Antisemit war, was meine Mutter vermutete, war aus meiner Sicht sein Problem. Meine Antwort war, trotz aller Schwierigkeiten weiterzumachen. Ein selbst in die Hand genommener Schulwechsel nach der 10. Klasse war dann auch wie aus dem Dunkeln ins Helle zu kommen: An der neuen Schule konnte ich wachsen, war dann in der Abschlussphase bis zum Abitur sogar Schulsprecherin.

Warum ich so kämpferisch bin, frage ich mich bis heute. Ist das Charakter? Ist das mein Jüdisch sein? Wo kommt das her? Anlage, Erziehung, Umwelt, Zeitgeist? Ich weiß eins: Für mich ist diese Zeit, in der ich aufwuchs und diese Gesellschaft, in der ich lebe, für mich als Jüdin und als kämpferische Frau die beste. Ich mag mir nicht ausmalen, was aus mir geworden wäre, wenn ich in einer anderen Staatsform oder mit einer patriarchalischen Kultur hätte leben müssen.

Die Politik in Deutschland heute ist bemüht, das jüdische Leben zu fördern – von oben. Wie weit das in die Tiefen der Gesellschaft reicht, steht auf einem anderen Blatt. Immer wieder irritiert mich, dass das Gedenken an tote Juden so ernsthaft betrieben wird wie die ‚Israelkritik' – ohne dass dieser Widerspruch auffallen würde. Aber meine besten Freunde sind nicht-jüdisch und ich lerne sehr viele großartige Deutsche kennen, die mich mit den negativen Erscheinungen in diesem Land versöhnen. Das zählt für mich.

Und dann hatte ich das Glück, eine Mutter zu haben, die nach allem, was sie erlebt hatte, einer der liebevollsten und klügsten Menschen ist, denen ich begegnet bin. Sie ist im Denken liberal, im Handeln extrem gutherzig, in ihren Ansichten zur Religion jedoch radikal: Nachdem sie so viele geliebte Menschen während der Shoah verloren hat und heute noch darüber verwundert ist, dass sie selbst überlebt hat, ist der Glaube an G'tt[2] für sie abwegig. Außerdem hält sie Religion für das Grundübel menschlicher Konflikte. Den Kirchen gibt sie die Schuld am Antisemitismus, dem Islam die Schuld am Hass auf Israel. Weil sie aber dennoch an das Gute im Menschen und an die Vernunft glaubt, hat sie sich immer wieder als Jüdin für den Dialog mit Christen zur Verfügung gestellt. Auch, um naiven Gläubigen ihre Sicht auf religiöse Manipulation deutlich zu machen. Wie ist sie so geworden?

Arbeits- und Konzentrationslager hat sie durch den Zusammenhalt mit anderen Mädchen/Frauen aus ihrem Dorf in den Karpaten in der Tschechoslowakei, heute Ukraine, überlebt. Meine Mutter war im Vernichtungslager Auschwitz-Birkenau, im Frauenkonzentrationslager Ravensbrück, anschließend im Konzentrations- und Arbeitslager in Lippstadt inhaftiert. Nach dem Todesmarsch durch Sachsen landete sie 1946 in einem in der US-Zone gelegenen DP-Camp[3] für jüdische Menschen in Heidenheim.

Von dort machte sie sich hoffnungsvoll mit der ‚Exodus' auf die Reise nach Palästina. Sie erlebte die Zurückweisung durch die Engländer, die Rückkehr nach Deutschland und am Ende die erneute Überfahrt, als der Staat Israel gegründet worden war. Verständlich, dass sie diesem Staat, obwohl sie ihn mit meinem Vater 1956 wieder Richtung Berlin verließ, ewig verbunden ist. Kein anderes Land hat Juden aufnehmen wollen. Acht Jahre lang hat sie mit anderen Emigranten aus aller Welt geholfen, dieses Land aufzubauen. Eine schwere Zeit, in der sie unter Alpträumen aus der Zeit in den Lagern litt. Ein Grund, warum sie dann nach Deutschland, in das Land der Täter, zurückkehrte, war schon, dass mein Vater toll aussah und Charisma hatte. Aber ein anderer Grund war, dass sie hoffte, wenn sie sich wieder den Deutschen aussetzte, könnte ihr das helfen, ihre Ängste zu überwinden. Außerdem waren ihre Bewacher im KZ auch Ukrainer und Mitglieder anderer Volksgruppen gewesen, die damals freudig die Nazis darin unterstützt hatten, die Juden zu vernichten. Das bestärkte sie darin, zwischen den Deutschen als Nazis und den „guten" Deutschen zu unterscheiden.

Nicht alles hat für sie wie gewünscht geklappt. Die Alpträume hörten tatsächlich auf. Wir Kinder, meine zwei jüngeren Geschwister und ich, ließen ihr nicht viel Zeit dafür. Sie erzog uns ohne das Gefühl, dass wir nicht hierher gehörten, auf gepackten Koffern sitzen und Distanz zu dieser Gesellschaft halten sollten. Aber sie musste das ab meinem 12. Lebensjahr allein tun.

---

2   G'tt ist eine vermeidende Schreibweise für das Wort Gott im Judentum. Der heilige Höchste ist weder mit Worten noch mit Bildern darzustellen.

3   Displaced-Persons-Auffanglager (DP) von den Alliierten nach Kriegsende für die Überlebenden der Shoah eingerichtet.

Mein Vater hatte sein Studium als Sänger beendet, währenddessen vor allem meine Mutter für den Lebensunterhalt der Familie im eigenen Zeitungsladen gesorgt hatte. Mit dem dritten Kind wurde ihr das dann zu viel und mein Vater wollte sich selbst verwirklichen. Er folgte den Jobs an Bühnen in Westdeutschland, Österreich und der Schweiz, kam nur alle paar Wochen kurz zu Besuch. Sie blieb in Berlin, der Laden wurde verkauft und sie kümmerte sich allein um uns drei.

Nach vier Jahren als Hausfrau begann sie als Verkäuferin im Kaufhaus zu arbeiten. Da wurde ich dann zu ihrer Stütze, kaufte ein, holte ,die Kinder' vom Kindergarten ab, kochte für uns Mittagessen und brachte ihnen bei, wie man abwäscht, Staub saugt und mit der Mangel die Bettwäsche bügelt. Es war mir zwar manchmal lästig, aber es hat mich nie überfordert. Eher mein Selbstbewusstsein gestärkt, weil ich es geschafft habe. Und weil meine Mutter es immer schaffte, jede emotionale Krise bei uns Kindern zu reparieren.

Wir wurden zu selbstbewussten jungen Deutschen, die sich durch Religionsunterricht zwar ihrer Herkunft und Zugehörigkeit bewusst waren. Aber da Religion in unserem Alltag keine Rolle spielte, war sie nach unserer Bat- und Barmizwa[4] kein Thema mehr.

Ich bin heute davon überzeugt, dass ich als älteste Tochter, die ersten fünf Jahre allein mit meiner Mutter, auf eine unterbewusste Weise die Wünsche und Gefühle meiner Mutter nicht nur erspürte, sondern sie als Auftrag annahm.

Nach dem Abitur war ich mir sicher, ich wollte nicht studieren. Ich hatte es ausprobiert und mich für Kunstgeschichte an der FU eingeschrieben. Es war das einzige Fach, das mich halbwegs interessierte und für das ich mit meinem Durchschnitt von 3,1 überhaupt zugelassen wurde. Und es war Stress. Unbedarft wie ich war, hatte ich mich für viel zu viele Kurse eingetragen, hetzte zwischen den Villen in Dahlem hin und her, die weit auseinander lagen und saß häufig auf der Erde oder der Fensterbank in völlig überfüllten Räumen. Als mich Lufthansa in Frankfurt als Stewardess einstellte, war das eine Befreiung. Ich durfte diese Enge von West-Berlin verlassen, den Job als Zweitmutter für meine Geschwister und dieses ungeliebte Studium. Plötzlich öffnete sich mein Horizont. Mein erster Flug als Flugbegleiterin ging mit Stopp in Amsterdam nach Los Angeles. Am Flughafen dort verlor ich beinahe meine Crew. Als wir auf die Koffer warteten, stand ich buchstäblich mit offenem Mund da. Neben uns war eine Maschine aus Hawaii angekommen, die Leute hatten diese Blumenketten um, waren teilweise so dick, wie ich es noch nie gesehen hatte und der Gipfel: Die vielen Afro-Amerikaner. Einer war etwa 1,90 m groß, trug einen weißen Anzug, hatte einen Borsalino Hut auf, sah, wie ich ihn anstarrte und sagte zu mir: „Hi!". Ich fiel fast in Ohnmacht. Und merkte, dass die Crew weg war. Na ja, ich hab sie noch gefunden, an der Passkontrolle, aber so ging es weiter.

---

4    Religiöse Mündigkeit bei Mädchen mit 12 Jahren und bei Jungen mit 13 Jahren.

Monatelang war ich in einem Rausch neuer Erfahrungen, verdiente gutes Geld und hatte keine Verpflichtungen mehr als die für mich selbst. Das Paradies, und im Rückblick die beste Zeit meines Lebens. Dann wurde ich auf der Kurz- und Mittelstrecke eingesetzt und hatte auch Tel Aviv im Einsatzplan. Nicht zu vergessen: Wir reden von der Zeit, als die RAF Flugzeuge entführt und sogar Selektionen der jüdischen Passagiere durchgeführt hatte. Als mich meine israelischen Verwandten fragten, ob ich meinen Davidstern[5] offen trage, sagte ich trotzig Ja und tat es auch. Ich wurde nie entführt. Aber meine Kollegen machten Bemerkungen. Stellten diese Fragen wie: Was macht ihr da eigentlich mit den armen Palästinensern? Oder der Purser (verantwortlicher Flugbegleiter des Fluges) machte abfällige Bemerkungen darüber, wie schwierig diese Passagiere nach Tel Aviv doch seien.

Nach meiner Distanz zum Judentum, generell und durch meine Erlebnisse auf den Machanot, machten mich diese Fragen und Bemerkungen wieder zur Jüdin. Aber eben nicht zur religiösen Jüdin, sondern sie weckten in mir den Widerstand gegen die Dummheit und die Vorurteile gegenüber meiner Schicksalsgemeinschaft und damit dem Schicksal meiner Mutter.

In Frankfurt hatte ich mit der Fliegerei keine festen Strukturen, die mich auffingen nach den Flügen. Mein Freiheitsdrang war gestillt und so kehrte ich nach dreieinhalb Jahren nach Berlin und in die Nähe meiner Familie zurück. Jetzt versuchte ich es noch einmal mit einem Studium, war endlich soweit, mich darauf einzulassen. Aber dennoch habe ich mich oft gefragt, ob ich das wirklich wollte.

Hinter allem fühlte ich immer vage, dass ich den Lebenstraum meiner Mutter lebte, die in ihrer Schulzeit die Beste in der Klasse war, dann als Dreizehnjährige verschleppt wurde und nicht einmal die sechste Klasse beenden konnte. Noch heute, mit 90, beeindruckt sie mit einem hervorragenden Gedächtnis, das sie mir leider nicht vererbt hat. Sie spricht alle möglichen slawischen Sprachen, aufgeschnappt in den Lagern, wuchs mit Muttersprache Jiddisch auf, die Nachbarskinder sprachen Ukrainisch und in der Schule lernte sie Tschechisch. Heute spricht sie noch hervorragend Hebräisch, liest Bücher auf Englisch und schlägt mich häufig, wenn wir Scrabble spielen. Wohlgemerkt, ohne jemals einen Deutschkurs besucht zu haben. Ich bin schon froh, dass ich gut Englisch gelernt habe. Aber trotz Leistungskurs in der Schule war ich noch am Anfang der Fliegerei überfordert, als mich eine Passagierin nach dem Restroom fragte. Ich dachte, sie meint einen Aufenthaltsraum und sagte: „We don't have any restrooms. You have to rest in your seat!" Irgendwo holte sie sich glücklicherweise eine zweite Meinung und nahm meine Ansage nicht wörtlich.

Wer weiß, ob ich studiert hätte, wenn meine Mutter nicht immer wieder insistiert hätte. Mein Glück war, dass ich in den Wirtschaftsaufschwung hineingeboren bin. Ich fand immer Arbeit, trotz der gewagten Studienkombination aus Medienwissenschaften, Soziologie und Psychologie.

---

5   Davidstern, Schild Davids ist das Symbol des Judentums und des Staates Israels.

Während des Studiums begann ich, mich richtig für Israel und Politik zu interessieren. Und das wurde zu meinem Lebensthema. Die Geschichte meiner Mutter, ihre Einschätzung, dass Israel in den Medien, in der Politik, so ungerecht behandelt wird und ihre starke Persönlichkeit, die hinter ihrem großen Fleiß und der Schüchternheit in der deutschen Gesellschaft nicht wirklich zum Vorschein kam, machte mich zu ihrem Sprachrohr und ließ mich ihrer Denkweise folgen, dass ein Studium das Beste für mich sei. Sie hatte Recht und ich hab's geschafft.

Ich glaube heute, dass diese innere Verbundenheit, die viele Kinder von Holocaust Überlebenden schildern, in meinem Fall nicht wie bei anderen zu einer Lähmung oder Furcht oder Verletztheit geführt hat. Die Jahre in Frankfurt haben mich frei gemacht, das Abnabeln war erfolgreich. Währenddessen hatte ich immer diesen Rückhalt für mich bei meiner Mutter gespürt und auch gebraucht. Und heute deute ich mein Engagement für Israel als meinen Dienst für meine Mutter. Dieses Engagement ist die Verkörperung meines jüdischen Wesens.

Als ich eine eigene Familie gründete, kamen wir oft mit den Familienmitgliedern meines Mannes Freitagabends zum Shabbatessen zusammen. Und führten das auch mit meiner Mutter, meinem Bruder, meiner Schwester und ihrer Familie ein. Das ist heute das wichtigste jüdische Element in unserem Leben. Diese Familientreffen, manchmal erweitert mit Gästen, aber möglichst jeden Freitag. Wir können nicht richtig im Siddur[6] lesen, auch sind wir nicht gut ausgebildet darin, wie man die Feiertage richtig feiert, welche Gebete man sagt. Dafür Dank an die Anleitungen, die Chabad[7] jedes Mal zu den Festtagen verschickt. Aber trotz dieser Unbeholfenheit ist das Gefühl da, durch die Tradition miteinander verbunden zu sein. Nicht nur in der Familie, sondern mit den anderen jüdischen Familien in der Stadt und in Israel und auch mit Jüdischen Gemeinden in anderen Ländern.

Ich definiere mich nicht mehr durch dumme Fragen an mich, feindselige Bemerkungen oder G'tt behüte terroristische Angriffe einzelner. Ich definiere mich auch nicht durch übermäßige Religiosität. Mein Weg ist der, von dem ich vermute, dass ihn die Mehrheit der deutschen Juden in der Diaspora geht: Bewusst jüdisch zu sein, traditionell die Feiertage zu begehen und sich mit Israel verbunden zu fühlen. Und mich für Israel zu engagieren. Es beunruhigt mich schon, wenn Extremisten anfangen, in die Mitte der Gesellschaft zu drängen, alte und neue Antisemiten sich nach vorn wagen und kaum ein Tag vergeht, ohne den etwas dazu in der Zeitung steht. Aber ich werde mir mein Leben nicht von Ängsten zerstören lassen.

Stattdessen lebe ich dankbar, für die lange Zeit des Friedens und für den Wohlstand, den ich mir erarbeiten konnte, nach dem Motto: „Sie haben versucht uns zu töten, wir haben überlebt, lasst uns essen".

---

6  Siddur (hebräisch) ist ein jüdisches Gebetbuch.
7  Jüdisches Bildungszentrum Chabad in Berlin.

**Maya Zehden:** Maya ist in Berlin geboren, war nach ihrer Schulzeit Flugbegleiterin, Taxi-fahrerin und vieles mehr während des Studiums. Ihr Berufsziel war immer der Journalis-mus, ein Jahr war sie bei der Zeitung „Die Welt" als freie Mitarbeiterin tätig. Aber da hatte sie schon eine siebenjährige Tochter, heute 28, und einen fünfjährigen Sohn, heute 26, und konnte das nicht miteinander vereinbaren. So wurde sie neun Jahre lang Geschäfts-führerin der Gesellschaft für Christlich-Jüdische Zusammenarbeit in Berlin e.V., dann fast vier Jahre Leiterin der Öffentlichkeitsarbeit der Jüdischen Gemeinde zu Berlin, und war danach immer wieder für Vereine in leitenden Positionen tätig.

Ihr Herz schlägt für die Deutsch-Israelische Gesellschaft, in der sie sich ehrenamtlich, und parallel zu ihrer beruflichen Tätigkeit, für ein positiveres Bild von Israel und gegen Vor-urteile über Juden engagiert. Ihre Biographie ist von ihrem Jüdisch-Sein geprägt, vom Schicksal und der Persönlichkeit ihrer Mutter, einer Überlebenden der Shoah, und vom Versuch, der nichtjüdischen Welt zu erklären, dass Jüdin zu sein nicht automatisch bedeu-tet, die Bibel auswendig zu kennen und koscher (den jüdischen Speisegesetzen gemäß) zu leben.

**Maya Zehden:** "Meine Mutter Rachel wurde gemeinsam mit ihrer Schwester Ethel nach Auschwitz deportiert und trug eines der beiden Kinder von Ethel auf dem Arm. Bei der „Selektion" fragte sie der Lagerarzt, vermutlich Dr. Mengele, ob das ihr Kind sei. Meine Mutter sagte nein, aber sie möchte ihrer Schwester helfen und es weitertragen. Er hat ihr das Kind abgenommen, ihrer Schwester übergegeben und teilte meine Mutter zum Arbeitseinsatz ein. Ihre Schwester und die beiden Kinder schickte der Arzt in den Tod, sie wurden vergast. Das Foto ist eins von drei Fotos ihrer Familienmitglieder aus der Zeit vor der Shoah, die meine Mutter noch hat. Mehr Erinnerungsstücke hat sie nicht bewahren können."

Foto, Privatbesitz. Bildbearbeitung, Grafische Werkstatt.

# Rebekka Nieten

## Braucht der Dialog eine andere Dimension?
## Resümee nach Halle und nach Hanau

Yom Kippur[1] ist für mich der wichtigste Tag des Jahres. Sobald das bürgerliche Jahr beginnt, wird er als unumstößlicher Termin in alle Kalender eingetragen. Es werden keine Reisen unternommen und auch keine Vorträge gehalten. Während ich Chanukka[2],Pessach[3] und Rosh ha-Shana[4]überall auf der Welt feiern kann, ist Yom Kippur der Tag des Jahres, der G'tt[5] gehört. Fastenbeginn und Fastenende werden genau eingehalten. Das ist kein Problem, denn ich bin sowieso den ganzen Tag in der Synagoge. Es ist für mich ein Tag, an dem mich Heiligkeit umgibt. Besonders liebe ich es, wenn im Mussaf-Gebet aus dem Traktat Yoma gelesen wird. „Und die Priester und das Volk, die im Vorhofe standen, wenn sie hörten, dass der erhabene, ehrfurchtbare Name des Ewigen deutlich ausgesprochen in Heiligkeit und Reinheit aus dem Munde des Hohenpriesters kam, knieten sie nieder, bückten sich, warfen sich huldigend aufs Angesicht nieder und sprachen: Gelobt sei der Name der Ehre seines Reiches immer und ewig."

Ich habe das Gefühl, ich trete aus der Zeit heraus in die Zeit des Tempels von Jerusalem. Diese Freude und Unbeschwertheit werde ich wohl lange nicht mehr haben. Als während des G'ttesdienstes eine Freundin, die von außen kam, mir berichtete, dass es einen Anschlag auf die Synagoge in Halle gegeben hätte, wurde das Gefühl für die Heiligkeit des Tages spontan überschattet durch ein Gefühl von Fassungslosigkeit und Ohnmacht. Wir erleben oft antisemitische Anschläge, aber dieser hatte für mich eine andere Größenordnung. Es war ein Angriff auf einen heiligen Raum in einer heiligen Zeit, ja, in der, für mich, heiligsten Zeit. Ich möchte daher an dieser Stelle dezidiert von Judenhass sprechen, denn dieser Anschlag setzt ein Kalkül voraus. An keinem anderen Feiertag sind so viele Beter in einer Synagoge. Man hat sich kundig gemacht, zu welcher Gelegenheit man Juden am meisten treffen kann. Dass der Antisemitismus aus dem Antijudaismus der Kirche erwachsen ist, ist hinlänglich bekannt. Aber, dass er in einer säkularen Welt so gewaltig noch fortleben kann, ist unbegreiflich.

Meine Großmutter Ruth Schwarz, die aus einer alt eingesessenen, assimilierten jüdischen Familie des Frankfurter Westends stammte, las mir oft aus den Sprüchen der Väter („Mischna-Traktat Abot") vor, und brachte mir auf diesem Wege das Judentum nahe. Sie sagte immer, dass Menschen, die keine Juden kannten, diese am meisten hassten. Wenn es also nur das Fremdsein ist, so kann man doch das Problem durch Begegnungen und Gespräche angehen? Man muss Räume und Gelegenheiten schaffen, die das Kennenlernen ermöglichen.

---

1 Versöhnungstag.
2 Lichterfest.
3 Fest zur Erinnerung an den Auszug aus Ägypten.
4 Jüdisches Neujahrsfest.
5 G'tt ist eine vermeidende Schreibweise für das Wort Gott im Judentum.
  Der heilige Höchste ist weder mit Worten noch mit Bildern darzustellen.

Zu diesem Zweck gibt es seit 1948 die Gesellschaft für Christlich-Jüdische Zusammenarbeit, es gibt außerdem die Deutsch-Israelische Gesellschaft, das Forum für Demokratie und gegen Antisemitismus, sowie die Amadeu Antonio Stiftung. Aber nach solch einem Tag, wie dem 9. Oktober 2019 in Halle, fragt man sich, und was hat das alles gebracht? Ist die Begegnung einzelner Menschen untereinander ausreichend? Sollte der Dialog anders angegangen werden, um Vorurteile abzubauen?

Der Antisemitismus erwächst heute auch zusehends aus der Ablehnung gegenüber dem Staat Israel. Neben linken Gruppierungen sind es vor allem Menschen, die aus ihren muslimischen Ländern geflohen sind. Wie tritt man mit ihnen in den Dialog?

Ich war sehr dankbar darüber, dass mir am Seminar für Semitistik und Arabistik der Freien Universität Berlin die Gelegenheit geboten wurde, viele Studenten und Stipendiaten aus arabischen Ländern unterrichten und betreuen zu können. Ihre Herzlichkeit und Dankbarkeit für die Hilfe bei ihren wissenschaftlichen Arbeiten war sehr groß. Das Erstaunen über meine Religionszugehörigkeit allerdings auch. Das Zerrbild über Juden, das man ihnen seit der Kindheit vermittelt hatte, prallte nun mit dem Bild jüdischer Hilfsbereitschaft zusammen. Große Irritationen waren zu erkennen, da man ja von Juden als Lügner und Dieben ausging. Man kann Bilder nicht einfach löschen, aber man kann andere Bilder davor stellen, um den Blick auf den Anderen zu korrigieren. Es berührte und beglückte mich, als man mir sagte, dass sie sich für ihr bisheriges „Judenbild" schämten. Ob das neue Bild von Dauer sein wird? Bedingt durch den neuen Bachelorstudiengang „Kultur und Geschichte des Vorderen Orients" hatte ich die Verpflichtung angenommen, zehn Jahre lang „Religionsgeschichte des Vorderen Orients" zu unterrichten. Die Studenten, zum größten Teil aus orientalischen Fächern kommend, waren zur Hälfte muslimischen Glaubens. Wurden die Seminare über die Gesetzestexte des Judentums – Tanach, Qumran, Talmud und Schulchan Aruch – noch mit Zurückhaltung angenommen, entstand ein großes Interesse bei den Seminaren über jüdische Philosophen. Dass Saadja Gaon (gest. 942 in Sura/Babylonien) die einflussreichste arabische Bibelübersetzung angefertigt hatte, und sogar sein bedeutendes Werk „Emunoth ve-Deoth" (Buch der Glaubensartikel) 933 in Arabisch verfasst hatte, führte zu großem Erstaunen. Dieses wuchs, als wir den Kuzari von Jehuda Halevi[7] besprachen und den Führer der Unschlüssigen von Maimonides.[8] Die jüdischen Philosophen im muslimischen Spanien schrieben die philosophischen Werke in Judäo-Arabisch, denn Arabisch war die damalige Gelehrtensprache. Und dass in ihren Werken sogar eine große Nähe zur arabischen Philosophie zu erkennen ist, besonders zu Ibn Sina (Avicenna), erweckte reges Interesse.

---

7 Jehuda Halevi (1075 – 1141) gilt als einer der bedeutendsten Dichter im muslimischen Spanien. Wie auch die anderen Dichter und Philosophen schrieb er seine ca. 800 Gedichte und 350 Pijjutim in Hebräisch, seine Philosophie aber in Arabisch. Das Buch von Argument und Beweis zur Verteidigung des verachteten Glaubens wurde von Jehuda ibn Tibbon Mitte des 12. Jh. ins Hebräische übersetzt und unter dem Namen Kuzari bekannt.

8 Der Führer der Unschlüssigen ist das Hauptwerk von Maimonides (1138-1204), dem bedeutendsten jüdischen Philosophen. Er erläutert und argumentiert darin, dass die jüdische Religion den Vernunfterkenntnissen entspricht.

Alle waren fasziniert von dem „Goldenen Zeitalter" in Al-Andalus. Hier wurden Konfessions- und Sprachgrenzen gesprengt. Die Beschäftigung mit dieser Thematik, welche die vielen Gemeinsamkeiten zwischen Judentum und Islam zum Ausdruck brachte, brachte auch uns zusammen. Religion und Brauchtum wurden nicht mehr nur als Abgrenzung verstanden, sondern als etwas, das die Identität des anderen ausmacht, an der er uns aber auch teilhaben lassen kann.

Daher beschlossen wir zuerst die Feste miteinander zu feiern. Unser erstes Treffen war an Chanukka, wir waren ca. 35 Personen in der großen Wohnung einer Freundin. Als wir zum zweiten Mal Chanukka und Weihnachten feierten, waren wir 200. Dieses Mal in der Landesvertretung von Baden-Württemberg und sogar mit einem Rabbiner und einem Monsignore. Da wir viele Interessenten und Sponsoren hatten, gründeten wir einen eingetragenen Verein, der sich wegen der Menschen aus so vielen Ländern „Internationale-Orient-Okzident-Gesellschaft" nannte. Gemeinsamkeiten schaffen Nähe, deshalb veranstalteten wir auch Informationsabende. Einige der Höhepunkte waren z.B. im Ethnologischen Museum Dahlem „Rezitationen aus drei Religionen" und „Was hat Europa dem Orient zu verdanken" in der Spanischen Botschaft. Dass dies alles möglich war, verdanke ich der Unterstützung und Mitwirkung einiger Rabbiner und Kantoren der Jüdischen Gemeinde zu Berlin, Imamen und Koranrezitatoren sowie Bischöfen, Priestern und Sängern der Katholischen Kirche, der Syrisch-Orthodoxen- und der Äthiopisch-Orthodoxen Kirche. Natürlich waren wir auch in verschiedenen Moscheen, um Iftar, das muslimische Fastenbrechen, zu feiern. Wir lernten uns kennen, wir lernten uns schätzen. Sogar zu rein jüdischen Themen, wie den Lesungen und Buchvorstellungen von „Jüdisches im Grünen" mit Lara Dämmig und Judith Kessler in der Liebermann Villa am Wannsee und „Schabbat ha-Malka" mit Nea Weissberg im Martin-Gropius-Bau kamen viele Muslime. Wir waren auf einem guten Weg, denn wir interessierten uns füreinander. Mein Konzept ging auf, Vorbehalte werden abgebaut, wenn man sich näher kennenlernt. Leider sollte es so nicht weitergehen, meine Illusion diesbezüglich wurde jäh zerstört. Es war mir bewusst, dass der Dialog in erster Linie in intellektuellen Kreisen fruchtet. Ich dachte, diese Gruppe kann dann in die Kreise wirken, die wir nicht erreichen. Leider kamen durch die Flüchtlingsströme 2015 auch viele Menschen aus bildungsfernen muslimischen Kreisen zu uns, für die der Dialog mit Andersgläubigen ihrer Meinung nach nicht stattfinden muss, denn für sie gibt es nur eine wahre Religion. Hinzu kommt noch, dass man gerade in Syrien neben Napoleon auch Hitler als einen großen Feldherrn betrachtet. Somit ist dort das Bild von Juden besonders herabwürdigend. Identitätsfindung wird bestärkt durch ein gemeinsames Feindbild. Dieses gemeinsame Feindbild – Syrien war der erbittertste Feind Israels – schafft eine tiefe Verbundenheit.[9]

---

9  Jeffrey Herf, Unerklärte Kriege gegen Israel. Die DDR und die westdeutsche radikale Linke, 1967 – 1989, Göttingen 2019, S. 141.

Und noch schlimmer: Wer das Feindbild nicht teilt, ist auch ein Feind, auch wenn er aus den eigenen Reihen kommt. Dass man mir Drohungen geschickt hat und meine Mailadresse dreimal gehackt wurde und ich auf der Neonazi-Geheimliste als „Feind Deutschlands" registriert worden bin, belastet mich. Dass aber die Imame Drohungen erhielten und meine Mitstreiter verängstigt wurden, macht mich fassungslos.

Für die Miseren dieser Welt werden erfahrungsgemäß die Juden verantwortlich gemacht. Schuldzuweisungen richtet man gerne an Minderheiten, und die Juden waren im Laufe der Geschichte schon immer die bevorzugten Adressaten. Aber für die Zwistigkeiten im Vorderen Orient immer wieder Israel anzuklagen, kann nicht länger hingenommen werden. Die Massaker und Morde an den Christen und anderer religiöser Minderheiten haben nichts mit dem Staat Israel zu tun. Leider hat Europa dazu geschwiegen, kaum jemand nahm Kenntnis davon, denn diese Christen haben keine Lobby, sie sind viel zu unbedeutend. Wirtschaftlich betrachtet spielen sie keine Rolle. In den 1970ger Jahren sind viele Menschen geflüchtet, die Syrisch-Orthodoxe- und die Assyrische Kirche bestehen fast nur noch im Exil.[10] Ich bin immer erstaunt, dass es nur wenige Menschen gibt, die das wissen. Religionsfreiheit, so wie wir sie verstehen, gibt es in muslimischen Ländern nicht. Aber muss dieser Begriff nicht auch neu diskutiert werden? Kann man es Religionsfreiheit nennen, wenn in Moscheen während des Freitagsgebetes aus den Suren gelesen wird, die ein sehr prekäres Feindbild vermitteln? Ich erwähne hier nur beispielhaft Sure 5, 64 „… wir haben zwischen sie (die Juden) die Feindschaft und den Hass geworfen bis zum Tage der Auferstehung… und sie werden versuchen auf Erden Unheil zu stiften…"

Und auch die christliche Bibel enthält Textstellen, die sehr judenfeindlich sind. Wohin das geführt hat, das wissen wir, vom Antijudaismus zum Antisemitismus. Noch immer sind viele Vorurteile im kollektiven Gedächtnis der Christen eingegraben, aber diese Texte werden nicht mehr verlesen und es gibt Gremien, wie etwa den Gesprächskreis der Juden und Christen, welcher 2017 das Buch „Von Abba bis Zorn Gottes Irrtümer aufklären – das Judentum verstehen" herausgegeben hat."[11]

Wann wird das Judentum vom Islam verstanden? Hoffentlich nicht auch erst in 2000 Jahren! Es soll hier kein Statement gegen Muslime oder den Koran abgegeben werden. Es ist verständlich, dass die Flüchtlinge in ihrer Orientierungslosigkeit in dieser westlich-säkularen Welt den „heiligen Koran" wörtlich nehmen. Aber es müssen Gremien geschaffen werden, in denen sich Mitglieder der drei abrahamitischen Religionen mit den Textstellen auseinandersetzen, die zum Problem geworden sind. Sie müssen sie beleuchten und neu interpretieren. Dies ist eine große Notwendigkeit, wenn wir alle friedlich nebeneinander leben wollen.

---

10  C. Detlef G. Müller, Geschichte der orientalischen Nationalkirchen, Göttingen 1981.
11  Paul Petzel/Norbert Reck (Hg.) Von Abba bis Zorn Gottes Irrtümer aufklären – das Judentum verstehen,
    im Auftrag des Gesprächskreises Juden und Christen beim Zentralkomitee der deutschen Katholiken, Ostfildern, 2017.

Gewiss, jede Religion hat sich von der vorhergehenden abzugrenzen. Dass dies häufig mit Polemik in Verbindung stand, ist unbestreitbar. Zahlreich sind die Angriffe gegen Juden in der christlichen Bibel, der Adversus Judaeos-Literatur[12], im Koran und im Hadith[13]. Damals existierten eben andere Deutungstraditionen. In einer säkularen Welt jedoch steht das Grundgesetz über den Religionsgesetzen. Art. 1 besagt „Die Würde des Menschen ist unantastbar". Das muss mit aller Deutlichkeit vermittelt werden. Wenn der Staat dieses besonders in seinen Bildungseinrichtungen besser vermitteln könnte, würden viele Feind- und Klischeebilder abgebaut werden.

Aber was wird getan? Ich war beeindruckt von der Rede des Bundespräsidenten Steinmeier in Yad Vashem anlässlich des 75. Jahrestags der Befreiung des Konzentrations- und Vernichtungslagers Auschwitz und auch von der nach Halle. Aber was hat sich verändert? Wie wichtig sind den deutschen Nichtjuden die Juden? Ich will die Verdienste der Bundesregierung und einiger Organisationen nicht schmälern und auch nicht von Antisemitismus ausgehen.

Aber hinsichtlich des Datums 9. November spreche ich von Unsensibilität. Die Mauer wurde erst abends geöffnet, hätte man da nicht aus Respekt vor dem Gedenken an die Opfer der sogenannten „Reichskristallnacht" den 10. November nehmen können? Der Tag der Freude wurde vor den Tag des Grauens gesetzt! In nichtjüdischen Kreisen wird der letztere sicherlich im Laufe der Zeit verblassen. Hier war es die Unsensibilität, aber was ist es, wenn es um islamistische Angriffe geht, wenn jüdische Kinder in den Schulen bespuckt werden, wenn Rabbiner auf der Straße geschlagen und verhöhnt werden? Ist es Angst, ist es Desinteresse, was unternimmt man dagegen, welche Konsequenzen werden gezogen? Gehört es zu den Freiheitsprinzipien dieser Gesellschaft, dass jährlich ein „Al-Quds Tag" stattfindet mit Ausrufen wie: „Kindermörder Israel" oder noch schlimmer „Juden ins Gas." Was hat das mit Meinungsfreiheit zu tun? Für alle Juden ist das eine tiefe Demütigung. Ihre Menschenwürde wird damit in hohem Maße verletzt. Aber Hauptsache die Freiheitsrechte, die so wichtig in einer Demokratie sind, werden eingehalten. Ist diese Demokratie nicht allmählich auf dem Weg zur Anarchie? Und wird der Begriff „Meinungsfreiheit" langsam pervertiert? Hat der herkömmliche Dialog überhaupt noch einen Sinn? Muslime in Deutschland haben die gleichen Rechte, aber auch die gleichen Pflichten. Daher können sie nicht an ihrem Judenhass festhalten. Michael Wolffsohn meint: „Neue Deutsche, das bedeutet auch die Notwendigkeit einer neuen Gedenkkultur."[14]

---

12 Ab dem 2. Jh. beginnen die Schriften gegen die Juden (Adversus Judaeos),
   um sich abzugrenzen und zugunsten eines christlichen Absolutheitsanspruches.
13 Als Hadith bezeichnet man die Überlieferung der Aussprüche und Handlungen des Propheten Mohammed.
   Daher gelten die Hadithe (pl.) auch als zweite Offenbarung nach dem Koran.
14 Michael Wolffsohn, Interview aus der Passauer Neuen Presse vom 24. Juni 2020.

## Epilog:

Ich habe trotz allem immer noch muslimische Freunde. Auch sie haben Angst vor den Islamisten. Sie bezeichnen sie sogar als die größten Feinde des Islams, weil der Koran auch so viel Schönes enthält, wir uns aber mehr mit der Bedrohung beschäftigen. Auch sie sehen es als nötig an, dass der Islam dringend eine Aufklärung braucht. Sie sind sich sicher, dass dies nur im Westen vonstattengehen kann. Wir brauchen einen Staat, der klare Grenzen setzt, um seine Bürger zu schützen. Da die Würde des Menschen unantastbar ist, fordert Micha Brumlik in seinem 2020 erschienenen Buch „Antisemitismus" ein „Demütigungsverbot."[15]

Ja, dies sollte es geben, und zwar für alle Bürger dieses Landes, egal, woran sie glauben, egal, woher sie stammen. Nach dem Anschlag in Hanau rief mich ein Koranrezitator an und meinte, wir müssten in der Internationalen Orient-Okzident-Gesellschaft weiterhin den Dialog führen. Es gibt doch so viele gemeinsame Feinde. Wie hätte es mich gefreut, wenn er mich nach Halle angerufen hätte!

Ich denke, wir sollten weitermachen, aber wir brauchen dringend Unterstützung aus Regierungskreisen. Einen bedeutenden Schritt in diese Richtung erfolgte durch den Bundesinnenminister Horst Seehofer. Er hat am 26. März 2020 gegen die libanesische Terrormiliz Hisbollah (Partei Gottes) ein Betätigungsverbot in der Bundesrepublik Deutschland ausgesprochen[16]. Vielleicht können eines Tages „universalistische Werte" doch noch umgesetzt werden.[17]

**Dr. Rebekka Nieten,** geboren in Eltville, studierte Musikwissenschaft/Ägyptologie (M.A.) und Semitistik (Promotion). Wissenschaftliche Mitarbeiterin am Seminar für Semitistik und Arabistik der Freien Universität Berlin. Von 2011-2013 Vertretung des Lehrstuhls für Semitistik an der Freien Universität Berlin. Seit 2014 Gastprofessur am Higher Institute of Coptic Studies, Kairo und seit 2016 Leitung des Projektes „Rezitation heiliger Texte", gefördert durch die Deutsche Forschungsgemeinschaft. Schwerpunkt der Lehre und Forschung auf dem Gebiet der Hebraistik und Aramaistik. Ehrenamtliche Tätigkeiten zur Förderung des Dialogs zwischen Juden, Christen und Muslimen: Orbis Aethiopicus (Beirat), Pactum Africanum (Kuratorium) und Internationale Orient-Okzident-Gesellschaft (Vorstandsvorsitzende). Rebekka Nieten ist seit über 30 Jahren Beterin in der Synagoge Pestalozzistraße.

---

15 Micha Brumlik, Antisemitismus, Stuttgart 2020, S. 96.
16 Die Verfügung zum Betätigungsverbot erging am 26. März 2020.
  Am 30. April 2020 wurde sie im elektronischen Bundesanzeiger veröffentlicht.
17 vgl.: Brumlik, op.cit., S.88, er stellt die Frage, ob dies möglich sei.

Rebekka Nieten: Judaica in Erinnerung an Laszlo Pasztor (sel.A.), Kantor der Jüdischen Gemeinde zu Berlin.

Foto, 2020. Sharon Adler, Bildbearbeitung, Grafische Werkstatt.

# Elvira Grözinger

## Mein 9. November

Der 9. November ist ein deutsches Datum, ein bedeutungsschwerer Tag für die Deutschen, stets schicksalshaft, mal unheilvoll, mal erfreulich. Der 9. November 1938 gehört zu den verhängnisvollsten Tagen der deutschen Geschichte und dennoch wird er im wiedervereinten Deutschland entweder ignoriert oder mit Gedenkfeiern zugeschüttet. Dadurch führt auch dieses schändliche Datum nicht zur besseren Einsicht und nicht zur Minderung des Antisemitismus.

Was nach dem **9. November 1938** folgte, war der schlimmste Zivilisationsbruch einer Gesellschaft, die bis dahin als dem Volk von Dichtern und Denkern zugehörig galt – die „Endlösung der Judenfrage" wurde zum Angelpunkt der deutschen Geschichte und überschattet diese bis heute. Der entfesselte Mord- und Kriegsrausch von 1939 bis 1945 endete mit der Niederlage und Zerstörung Deutschlands und der Ermordung von sechs Millionen Juden, der Auslöschung jüdischen Lebens in Europa. Die Niederlage führte **auch** zur deutschen Teilung. Diese endete erst – wieder – am **9. November 1989**. Wer etwa die nunmehr als Gedenkstätte erhaltene ehemalige Stasi-Haftanstalt in Berlin-Hohenschönhausen besucht, befindet sich in einem ehemaligen NS-Barackenlager für Kriegsgefangene und Zwangsarbeiter sowie in einem nachfolgenden Speziallager der sowjetischen Geheimpolizei NKWD. Die Diktaturen ähnelten sich in ihrer Brutalität und bestraften die angeblichen oder „echten" Feinde aufs Grausamste.

## 9. November 1967

Auch ich bin am 9. November 1967 aus Israel nach Deutschland gekommen, frisch unter dem Eindruck des israelischen Sieges im 6-Tage-Krieg, nach einem Krieg, der bei den Shoah-Überlebenden und deren Kindern die schlimmsten Befürchtungen vor einer neuen Vernichtung aufkommen ließ. Das Wunder des erneuten Sieges über so viele Widersacher beeindruckte die Welt, stimmte sie auf die Bewunderung der tapferen Juden ein, und so war auch ich plötzlich in Deutschland willkommen. Man begann, sich für das Judentum und Israel zu interessieren. Nach dem ersten akademischen Grad der Hebräischen Universität Jerusalem setzte ich meine Studien nun an der Universität Heidelberg fort. Ich musste zunächst Deutsch lernen, was mir aber schnell gelang, und ich nahm das Studium der Germanistik auf, um die deutsche „Volksseele" kennenzulernen und meine neue, nunmehr die dritte, Heimat besser verstehen zu können, denn die Literatur ist die Seele eines jeden Volkes.

Es war nicht leicht, in das Land der Täter einzuwandern. Ich bin 1947 in Polen geboren, meine Eltern waren Ärzte und die einzigen Überlebenden in ihren Familien. Weil sie auch Deutsche unter ihren Helfern hatten, haben sie mich nicht im Hass gegen Deutsche erzogen.

1957 mussten sie wegen des wieder einmal aufgeflammten Antisemitismus Polen verlassen und gingen nach Israel. Dort bin ich aufgewachsen, habe die Universität absolviert und den 6-Tage-Krieg erlebt, als ehrenamtliche Hilfskrankenschwester im Krankenhaus von Beer-Sheva, das die Verwundeten der ägyptischen Front versorgte. Nach dem Krieg musste mein deutscher Freund, der ein Jahr lang in Israel studierte, zurück nach Deutschland. Ich folgte ihm und kam eben am 9. November 1967 nach West-Deutschland, wo ich seither als seine Ehefrau mit ihm lebe.

In Heidelberg angekommen, bekam ich erst mal einen Schock: Es war Landtagswahlkampf in Baden-Württemberg, und NPD-Plakate prangten allerorten. Wir rissen eine Menge von ihnen ab, wurden aber dabei von Polizisten erwischt und aufs Revier gebracht. Ich sprach Englisch mit Ihnen, aber sie verstanden nicht viel und mein späterer Mann musste übersetzen. Die Polizisten waren mit dieser Situation vollkommen überfordert und wandten sich an den Polizeipräsidenten, der uns in sein Dienstzimmer bestellte. Wir durften uns hinsetzen, das Gespräch verlief sachlich, aber angesichts meiner Aufregung lächelte er unwillkürlich ironisch, woraufhin ich mich beschwerte, denn das wäre kein Grund zum Lachen. Da wurde er ernst, sagte, dass er selber ein Opfer des Naziregimes sei und ließ uns ungestraft gehen. Mehrere Jahre später, als wir schon in Frankfurt am Main wohnten, stand in der Zeitung, dass der Heidelberger Polizeipräsident wegen seiner Nazivergangenheit entlassen wurde. Bei diesen Landtagwahlen bekam die NPD übrigens 10 Prozent der Stimmen.

Während damals auf der einen Seite alte Nazis noch sehr präsent waren, haben bekanntlich die westdeutschen Studenten, die „68er", gegen ihre Nazieltern und gegen den demokratischen Staat, der ihnen faschistisch erschien, rebelliert. Sie betrachteten die DDR als das „bessere Deutschland", wie es die DDR-Propaganda verkündete, und den DDR-Sozialismus als die bessere Alternative. Zugleich haben sie auch deren proarabischen Kurs und antisemitische Einstellung übernommen. Das war für mich der zweite Schock, denn diese Studenten boten den gerade besiegten Feinden Israels eine Plattform für antiisraelische Hetze. Die arabischen Organisationen wie die PFLO und die Fatah organisierten Teach-ins mit Unterstützung der deutschen linken Studenten und, noch schlimmer, einiger weniger jüdischer. Diese für mich damals kaum begreifliche Situation war der Beginn meiner politischen Tätigkeit und des zionistischen Engagements, weshalb ich das Datum 9. November 1967 für mich seither als Verpflichtung betrachtet habe, gegen Antisemiten und Israelfeinde zu kämpfen.

Der Häuserkampf der Linken in Frankfurt am Main, wo wir lebten, zielte damals gegen „jüdische Spekulanten" – was in dem antisemitischen Stück von Rainer Werner Fassbinder, „Der Müll, die Stadt und der Tod" kulminierte. Seine Aufführung im Jahre 1985 wurde durch eine Bühnenbesetzung von Mitgliedern der Jüdischen Gemeinde verhindert. „Wer sich nicht wehrt, lebt verkehrt", wurde nun auch die Devise der Juden in Deutschland.

Ich habe die wilden 1968er Jahre hautnah miterlebt, die glückliche kriegslose Nachkriegszeit in einer stabilen europäischen Demokratie genossen, zwar getrübt durch die Ölkrise und die Attentate der RAF, dennoch konnte unser Kind in Frieden aufwachsen. Und das, obwohl junge Neonazis versucht haben, unser Haus abzufackeln, vor unserem Haus „Juden raus!" schrien und unserer Familie auf einer Internet-Liste mit „Todesstrafe" drohten. Aber es ging vorbei. Die Liste wurde verboten, wir haben keine Koffer gepackt.

Als die Wiedervereinigung kam, habe ich auf die von Kanzler Kohl heraufbeschworenen „blühenden Landschaften" gehofft. Seit 1994 war ich, wie mein Mann, an der Uni Potsdam tätig, das neue Fach „Jüdische Studien" dort aufbauend, mit 400 Studierenden und Vorbildfunktion für andere Universitäten; noch war die positive Atmosphäre lange spürbar.

Das war eine interessante Zeit, die weniger schönen Jahre waren jedoch die beiden zuvor, als ich von 1992 an die persönliche Referentin des damals gerade gewählten Vorsitzenden des Zentralrats der Juden in Deutschland, Ignatz Bubis, war und täglich unzählige antisemitische Zuschriften über meinen Schreibtisch gingen – oft mit vollem Namen, Adresse und nicht selten einem Militärrang oder akademischem Titel versehen. Die Schreiber damals waren allesamt Deutsche, größtenteils Antisemiten alter Schule, unterschiedlicher Altersstufen. Sie hatten etwas dagegen, dass sich schon wieder „Juden hier breitmachten, das Sagen und die Macht hätten". In Hoyerswerda und Rostock-Lichtenhagen griff der Mob Vietnamesen an, Brandsätze flogen. Ignatz Bubis, der als Kind die Shoah als Waise überlebte, ertrug diese Hetze gegen Menschen nicht. Er weinte, als er das sah.1998 musste sich Bubis, damals schon todkrank, mit der Rede Martin Walsers in der Frankfurter Paulskirche auseinandersetzen. Walsers „Auschwitzkeule" war gegen die mahnenden Juden Deutschlands gerichtet. Deswegen verweigerte ich ihm einen Handschlag, als ich ihm vor wenigen Jahren in Berlin nochmal begegnet bin.

Auch später gab es im Laufe der Jahre immer wieder politische Vorfälle, die einen unangenehmen Geschmack hinterließen. Einige von ihnen sind sicherlich allen noch in Erinnerung:

- 1991 im Golfkrieg hatte ein Bundestagsabgeordneter der Grünen gemeint, Israel sei selber schuld am Bombardement durch Saddam Hussein und sorgte für Empörung bei den Israel-Freunden.
- 2002 gab es Ausfälle eines Grünenabgeordneten syrischer Abstammung, der Ariel Scharon beschuldigte, einen „Vernichtungskrieg" gegen die Palästinenser zu führen und „Nazimethoden" anzuwenden. Der damalige FDP-Politiker und Vizechef der Partei, Jürgen Möllemann, zugleich Präsident der Deutsch-Arabischen Gesellschaft, verteidigte ihn und die muslimischen Selbstmordattentate auf Israelis.
- 2003 hielt ein CDU-Bundestagsabgeordneter eine antisemitische Rede zum Tag der Deutschen Einheit. 2004 wurde er daraufhin aus der Partei ausgeschlossen.

- 2010 haben zwei Abgeordnete der Linken an der zweifelhaften „Hilfsaktion für Gaza" auf dem Schiff Mavi Marmara teilgenommen, mit dem Ziel, der terroristischen Hamas Unterstützung zu gewähren, da Israel ein angeblicher „Unrechtsstaat" sei. Diese Aktion sorgte für ein folgenschweres politisches Zerwürfnis zwischen der Türkei und Israel.

- 2012 nannte der damalige SPD-Chef Israel einen Apartheid-Staat, was er einige Jahre später relativierte.

- 2016 lobte der damalige Präsident des EU-Parlaments und spätere SPD-Kanzlerkandidat die Rede von Mahmud Abbas, in der er die Israelis der Brunnenvergiftung von Palästinensern unwidersprochen beschuldigte. Das war ein seit der Epidemie des „Schwarzen Todes" im 14. Jahrhundert bekannter Vorwurf, der zu verheerenden Pogromen gegen Juden in Europa führte.

Solche Beispiele sind zahlreich und diese Art Anschuldigungen gehören in die Rubrik des neuen Israel-bezogenen Antisemitismus, denn es ist eine beliebte Methode, die Juden und den jüdischen Staat als nazistisch darzustellen. Dass dies nicht stimmt, muss ich hier nicht eigens betonen. Allerdings zeigen die neuesten empirischen Studien von Prof. Monika Schwarz-Friesel, dass diese Form des Antisemitismus hierzulande immer stärker wird. Wie man sieht, sind alle Parteien nicht frei von solchen Judenfeinden, solche sind auch in der AfD. Die behauptet zwar, primär gegen Muslime zu sein, ist aber wie die Holocaustleugnenden Sprüche und Minimalisierungen der Nazizeit seitens mancher ihrer Mitglieder zeigen, auch antisemitisch. Dieses mindert mein Vertrauen und das der hier lebenden Juden in den Rechtsstaat und die Demokratie erheblich. Die Migrationswelle seit 2015 hat die Situation für uns Juden im Land noch drastischer verändert. Es kam eine große Zahl traditionell antijüdisch erzogener, und antiisraelisch indoktrinierter muslimischer Flüchtlinge ins Land. Das Attentat auf dem Breitscheidplatz, die Morde und Vergewaltigungen zielen zwar auf alle Bürger. Wenn aber auf den Schulhöfen „Du Jude"! als Schimpfwort gilt, und auf deutschen Straßen bei Muslim-Demonstrationen „Tod den Juden!" gerufen oder israelische Fahnen verbrannt werden, dann ist dies genauso als wenn ein jüdisches Restaurant in Chemnitz samt seinem Besitzer von deutschen Nazis mit Pflastersteinen beworfen und ein israelischer Gastronom in Berlin von einem Nazi „ins Gas!" geschickt werden. Und dass an Yom Kippur eine Synagoge von einem Nazi attackiert wurde und dass es dabei wiederum nur durch ein Wunder zu keinem Massaker kam, macht mich nicht zuversichtlicher. Die nach Ausbruch der Corona-Pandemie gegenwärtig häufig geäußerten Verschwörungstheorien, dass Juden diese Krankheit verursachen würden, erweitern das antisemitische Panoptikum um eine neue Komponente.

Die Tatsache, dass man 80 Jahre nach der „Reichspogromnacht" in Deutschland Antisemi-tismus-Beauftragte ernennen muss, um dem steigenden Judenhass etwas entgegenzu-setzen, ist ein erschreckendes Zeichen. Es stimmt wieder etwas nicht in diesem Land, und das macht mir große Sorgen. Aber das Datum 9. November mahnt und ist verpflichtend. Ich habe hier von Anfang an meine Fäuste ballen müssen und tue es nach wie vor. Es sieht auch nicht danach aus, dass sich das in naher Zukunft ändert.

**Dr. Elvira Grözinger,** geboren 1947 in Polen, aufgewachsen in Israel, ist Literaturwissen-schaftlerin und Publizistin, Autorin mehrerer Bücher und zahlreicher wissenschaftlicher Publikationen zu Literatur und jüdischen Themen. Sie ist Mitbegründerin der deutschen Sektion der Internationalen Wissenschaftlerorganisation Scholars für Peace in the Middle East (SPME), war von 2017 bis 2019 deren Präsidentin. Seitdem ist sie Vizepräsidentin und außerdem Schriftführerin im Internationalen Präsidium. Darüber hinaus gehörte sie seit 1986 zeitweise als Vorstands- und Präsidiumsmitglied der deutschen WIZO an.

Elvira mit ihren Eltern im Garten in Hirschberg im Riesengebirge (Jelenia Gora in Polen, 1949/50).

Foto, Privatbesitz. Bildbearbeitung, Grafische Werkstatt.

# Daphna Rosenthal

## Brief an einen Freund

Schalom lieber Andrew,
wenn es jemanden von meinen nichtjüdischen Freunden gibt, der meine Sorgen, meine Ängste versteht, dann bist Du es. Nicht, dass die anderen Freunde nicht zuhörten, aber keine(r) hört so intensiv zu wie Du, fragt nach wie Du. Also, Du verstehst, gute Gründe, mich an Dich zu wenden.

Ja, Andrew, ich habe Angst und nach Halle immer mehr Angst. Ich muss es mal ausspre-chen. Wie sensibel Du mit dem Thema „Diffamierung durch Sprache" umgehst, hat mir Deine Empörung auf einen Radiobeitrag zum Anschlag in Halle gezeigt. Darin sagte eine Moderatorin wörtlich: „Die jüdischen Synagogen-Besucher sind ‚abtransportiert' worden".

Du konntest es nicht fassen, dass in dem Kontext dieses Wort benutzt wurde. Umgehend hast Du Dich schriftlich an den Sender gewandt, hast darauf aufmerksam gemacht, wie gefährlich es ist, mit der Sprache so gedankenlos umzugehen. Doch der Chefredakteur verteidigte seine Mitarbeiterin mit scheinheiligen Argumenten. Nach einem weiteren In-sistieren Deinerseits kam als Antwort nur Unverständnis. Wir beide waren fassungslos und fragten uns, wenn schon ein renommierter Radio-Sender nicht in der Lage ist, eine korrek-te Sprache anzuwenden, wo führt das hin?

Ich bin nach „Halle" noch aufmerksamer geworden, verfolge viele Berichte, die von Anti-semitismus, Ausgrenzung und Rechtem Terror berichten und die bange Frage treibt mich um, könnte es wieder zu so einer Katastrophe führen wie dem Holocaust? Könnten wir jüdischen Bürger wieder verfolgt werden und vielleicht die muslimischen ebenso? Doch vielleicht, so hoffe ich, wird der „Rechte Hass" uns jüdische und muslimische Bürger und Bürgerinnen solidarisch zusammenrücken lassen? Solidarität wäre bestimmt eine gute Verteidigungsstrategie.

Gedankensprung: Vor circa zehn Jahren hatte ich eine Begegnung mit einem Auschwitz-Überlebenden. Im Rahmen einer öffentlichen Lesung in Berlin las ich Auszüge aus seinem Buch vor, Schilderungen aus dem KZ, und wie er überlebte. Anschließend konnte das Pu-blikum Fragen stellen. Die Frage kam, ob er sich vorstellen könne, dass sich der Holocaust wiederhole. Er verneinte vehement und antwortete: „Unser Staat und seine Bürger sind aufgeklärt, demokratisch. Ein paar Unverbesserliche gibt es immer, aber die sind verkraft-bar, keine Gefahr." „Keine Gefahr?" Bei dieser Sichtweise stellten sich mir schon damals alle Nackenhaare auf. Auch wenn der Antisemitismus noch nicht salonfähig war wie heute, sind mir oft antisemitische Äußerungen begegnet, z.B. an meinem Arbeitsplatz, dem The-ater, und natürlich auf der Straße.

Ich hatte über Jahre viele Gespräche mit Leuten geführt, die tatsächlich meinten und heute noch meinen, die finanziellen „Wiedergutmachungen" seien adäquat für die Ermordeten. Jedes Mal dachte und denke ich, genau diese Menschen wären heute bereit als brave Gefolgsleute „Hurra!" zu schreien, sollte wieder einer emporsteigen und brüllen: „Nieder mit den Juden!". Von wegen keine Gefahr!

In diesem Zusammenhang fällt mir Deine Erzählung ein, als Du vor einigen Jahren in Österreich mit Deinem Mann und Deiner Schwiegermutter Urlaub machtest und die Hotelbesitzerin über den Holocaust sagte: „Na die Juden haben doch alles zurückgekriegt." Worauf Deine beherzte Schwiegermutter antwortete: „Ja, nur nicht das Leben."

Nach „Halle", nach vielen antisemitischen Übergriffen der letzten Jahre, lebe ich quasi „inkognito", zeige mich in der Öffentlichkeit privat nicht als Jüdin, trage sichtbar keinen „Magen-David"[1] und würde zum Beispiel in der U-Bahn keine Telefonate auf Hebräisch führen.

Apropos hebräisch, kürzlich lauschte ich während einer Podiumsdiskussion im Literaturhaus einer jüdischen Schriftstellerin. Sie berichtete von einer Situation, in der sie mit ihrer vierjährigen Tochter in der U-Bahn unterwegs war. Die Kleine hatte an dem Tag im jüdischen Kindergarten ein neues israelisches Kinderlied gelernt und wollte das jetzt voller Lust während der Fahrt nach Hause fortsetzen.

Ihre Mutter unterband jedoch diese Lust. Klar, natürlich aus Angst, denn „Halle ist überall"! Wie sich dieses Reglement auf das Kind auswirkt, können wir uns ja denken.

Andrew, was ich mit diesem Brief zum Ausdruck bringen möchte, ist die tiefsitzende Angst, die ich seit Jahren mit mir schleppe und die sich nun nach dem Synonym „Halle" verstärkt hat. Sollte ich über Auswanderung ernsthaft nachdenken?

Meine Großeltern Edith Rosenthal und Bernhard Rosenthal haben leider zu spät reagiert. Als sie mit ihren zwei Töchtern Hanna und Rina das Land verlassen wollten, verfügten sie nicht mehr über das nötige, horrende Geld, das die Nazis für die Ausreise verlangten. Meine Großeltern, die sich gegenseitig liebevoll „Goldchen" nannten, ein Kosewort, das mich bis heute berührt, gaben etlichen Verwandten das Reisegeld und konnten so 1939 nur noch ihre beiden Kinder nach Palästina schicken, sie selbst mussten in Berlin zurückbleiben. Mein Großvater wurde 1943 bei der „Fabrikaktion" verhaftet und nach Auschwitz deportiert und dort ermordet. Meine Großmutter konnte fliehen und überlebte bis zum Kriegsende versteckt. Versteckt durch sehr honorige nicht-jüdische Bekannte und Freunde.

---

1 Magen David: „Schild Davids", sog. sechszackiger Davidstern Magen David: „Schild Davids", sog. sechszackiger Davidstern

Mir sitzt die Geschichte meiner und der Millionen anderer Familien noch tief auf der Seele und so verdoppelt sich die Angst von früher und heute.

Lieber Andrew, mit Angst möchte ich den Brief jedoch nicht enden, sondern mit der angstfreien Frage, wann gehen wir Zwei mal wieder „schochteln", wann „red' ma sich zusammen", z.B. auch ü ber das Thema „Halle", aber nicht nur.

Ich habe Lust, die Stunden mit Dir zu genießen und freue mich, Dich bald wiederzusehen. Deine Daphna

**Daphna Rosenthal**, 1946 in Tiberias/Israel geboren, ging in Haifa zur Schule, bevor sie 1956 mit ihrer Mutter nach Berlin zog. Von 1962-1964 absolvierte sie eine Tanzausbildung bei Mary Wigman und ab 1964 eine Schauspielausbildung im Hanny-Herter-Studio Berlin. 1966 machte sie ihren Abschluss vor der Paritätischen Prüfungskommission und hatte ihr erstes Engagement an der Komödie Marquardt in Stuttgart. Ab 1967 bis heute feste Engagements sowie Gastengagements an Theatern bundesweit. Es folgten Fernseh- und Kinoproduktionen sowie eine langjährige Tätigkeit als Synchron- und Rundfunksprecherin. Außerdem ist es Daphna Rosenthal ein Anliegen, bei öffentlichen Lesungen Literatur und politische Schriften vorzustellen. Zuletzt las die Schauspielerin vielfach aus dem Buch „Briefe aus dem Gefängnis" von Rosa Luxemburg.

Fotos von links nach rechts:
Daphna Rosenthal im Alter von etwa zehn Jahren nach ihrer Ankunft 1956 in Berlin.
Portraitfoto der Familie, aufgenommen 1939 in Berlin vor der Ausreise nach Palästina.
Abgebildet sind (v.l.n.r.): Edith Rosenthal (Großmutter), Regina Rosenthal (Tante),
Bernhard Rosenthal (Großvater) und Hanna Rosenthal (Mutter von Daphna).
Foto der Stolpersteine, die am 30. März 2013 vor dem ehemaligen Wohnhaus in der
Klosterstraße 100 (heute Karl-Liebknecht-Straße 11) verlegt wurden
Foto von Daphna Rosenthal bei der Stolpersteinverlegung in Berlin.

Foto, 2020. Sharon Adler.

# Jutta Prajs

## „Nie wieder" ist nicht genug!

1953 bin ich im Alter von fünf Jahren mit meinen Eltern, die aus Lemberg (Polen), der heutigen Ukraine stammten, über Paris nach München gekommen. Eigentlich wollten wir nach Amerika auswandern, was aber an der gesundheitlichen Situation meines Vaters gescheitert ist.

Trotz meines Heimatgefühls für München habe ich meine Fremdheit schon sehr früh gespürt. Ich wollte am liebsten wie alle sein, möglichst nicht auffallen. Aber das funktionierte spätestens nach der Frage der Lehrer nicht mehr, ob ich katholisch oder protestantisch sei, und ich sagen musste, dass ich, wie es damals hieß, „mosaischen Glaubens" war.

Das war in den 50er und 60er Jahren, zu einer Zeit, als die Lehrerschaft noch immer mit dem braunen Gedankengut verbunden war. Für mich als kleines Mädchen war das frustrierend. Es hat mir nichts ausgemacht, auf Fragen oder Unwissenheit zu reagieren. Schlimmer war es für mich, mit Samthandschuhen und „tiefem" Verständnis konfrontiert zu werden. Ich wollte einfach nur als Mensch und nicht als Jüdin wahrgenommen werden, obwohl ich stolz auf meine jüdische Identität war.

Der Neubeginn der jüdisch-deutschen Familiengeschichte hatte eigentlich die Überschrift: „Ein Leben auf gepackten Koffern". Die Koffer standen zwischen zwei Stühlen: Man hatte einerseits den Druck von nicht-jüdischen Nachbarn, die nicht erpicht waren auf die, die überlebt hatten, andererseits gab es jüdische Menschen, die im Ausland eine neue Heimat gefunden hatten, und die Juden in diesem „verfluchten" Land als Menschen ohne Ehre betrachteten. Ich erinnere mich, dass ich in den 70er Jahren bei meinen Ferienaufenthalten in Israel die Schweiz als mein Herkunftsland angab.

Ich bin meinen Eltern dankbar, dass sie mich trotz des schrecklichen Verlusts ihrer gesamten Familie nicht mit Hass erzogen haben oder mit einer schizophrenen Haltung, in diesem Land zu leben, aber möglichst wenig mit den Deutschen im Alltag zu tun zu haben. Ich durfte während meiner Schulzeit alle meine nicht-jüdischen Freunde nach Hause bringen. Gerne unterbrach meine Mutter unser Lernen mit ihren köstlich belegten Brötchen, auf die meine Freunde schon heißhungrig warteten. Leider gab es nie einen offenen Dialog über die Rolle deren Eltern und Großeltern während der NS-Zeit.

Nur wenige Deutsche hatten sich mit ihrer eigenen Biografie, ihrer Vergangenheit auseinandergesetzt. Ich hörte schon damals, dass der Holocaust so „wahnsinnig lange her" sei und die Frage: „Was hat das mit mir selbst zu tun?". Vielleicht hätten sie emotionaler reagiert, wenn sie gewusst hätten, dass der Opa ein SS-Mann war oder der Vater, der Tiere so liebte, hunderte von Menschen in die Gaskammern geschickt hatte.

Dennoch glaubte ich damals, dass Deutschland auf einem guten Weg war. Ich hatte mittlerweile geheiratet und zog nach Berlin, was mir nach dem extrovertierten München so grau und östlich vorkam. Menschlich gesehen erschien mir Berlin viel offener und integrativer. Meine drei Kinder gingen auf deutsche Schulen, es gab damals noch keine jüdischen Schulen und sie fehlten mir auch nicht. Viele jüdische Schüler besuchten eine Grundschule in Grunewald, die versuchte, Transparenz in das „unbekannte Judentum" zu bringen. Weihnachten und Chanukka feierte man gemeinsam in der gegenüberliegenden Kirche. Ich bewunderte die Selbstsicherheit meines kleinen Sohnes, weil er so anders reagierte als ich in seinem Alter. Als ihm ein Mitschüler zurief, dass er ja kein Weihnachten habe, meinte mein Sohn, „Und du darfst nicht acht Tage feiern!"

Wann waren die Anfänge, die mir Angst machten? Die Verharmlosung und Verschleierung rechtsradikaler Übergriffe, das Oktoberfest-Attentat im September 1980, oder das Attentat auf israelische Sportler während der Olympiade in München 1972, die NPD, die Wehrsportgruppe Hoffmann, NSU, der jährliche „Al-Quds"-Tag, ein Mann vor einer Synagoge, der ein Absperrgitter übersteigt, ein Messer zieht und — vom Gericht freigesprochen wird — und nicht zuletzt das stetige Anwachsen der AfD. Deren offener Antisemitismus zeigt sich in ihrer Forderung nach einer „innenpolitischen Wende um 180 Grad" und in ihrer Bezeichnung der NS-Zeit als „Vogelschiss in der Geschichte". Schon jetzt wissen nur noch knapp sechzig Prozent der deutschen Schüler und Schülerinnen ab 14 Jahren, was Auschwitz bedeutet.

Ich frage mich, warum der Anschlag in Halle zu so einer Bestürzung geführt hat? Denn was täglich in Deutschland geschieht, ist ja schon längst kein „Alarmzeichen" mehr. Ich sehe einen rasant anwachsenden Antisemitismus auch unter vielen Muslimen, bei denen, die hier geboren oder vor kurzem in dieses Land gekommen sind. Die Vorstellung, dass israelische Fahnen mit dem Davidstern brennen, ist für mich unerträglich. Aber es ist nicht nur die rechte Szene, die Juden und Migranten für Frust und Arbeitslosigkeit verantwortlich macht. Noch viel trauriger stimmt mich, dass der Hass gegen Juden in der politischen Mitte angekommen und salonfähig geworden ist. Für Extremisten und Terroristen ist das Internet der neue Motor zur Verbreitung von Hass. Auch die Medien, darunter Magazine wie „DER SPIEGEL" oder „STERN" sind meines Erachtens in ihrer Berichterstattung oft unkritisch und einseitig, enthalten teils einen tendenziös antijüdischen Unterton. Immer wieder werde ich auch bei gebildeten Menschen mit den altbekannten Klischees konfrontiert, „alle Juden sind reich, Juden haben Macht in der Weltpolitik und Juden reden zu viel über den Holocaust!".

Man könnte glauben, Deutschland sei eine „Diktatur", wenn man den Ausführungen der AfD-Politiker glauben mag. Der Satz „Das wird man doch wohl noch sagen dürfen" ist eine bewährte Strategie, jegliche Kritik an deren Positionen als Einschränkung der Meinungsfreiheit darzustellen. Fassungslos sehe ich, wie ein Schlussstrich unter das schlimmste Kapitel deutscher Geschichte gezogen werden soll.

Wo bleiben hier die gesellschaftlichen, wo die politischen Reaktionen?
Warum muss die Initiative immer von jüdischen Organisationen ausgehen?

Und während ich diesen Artikel schreibe, sehe ich, dass die Demokratie in Deutschland mit der Wahl in Thüringen einen weiteren Schritt in die politische Unkultur geht. Die „Parteien der Mitte" hatten sich und den Wählern doch geschworen, niemals ein Bündnis mit der AfD einzugehen. Und jetzt — „Beben" und ein „Dammbruch". Zu meiner freudigen Überraschung waren es die Proteste der Bürger, die dazu verhalfen, die Wahlen infrage zu stellen. Wie gern würde ich sehen, dass sich diese Bürger auch noch mehr für die Belange jüdischer Menschen einsetzten.

In den 90iger Jahren hätte ich niemals geglaubt, dass Antisemitismus, Ausländerfeindlichkeit und ein israelbezogener Antisemitismus derartig zunehmen würden. Ich habe immer daran geglaubt, ein Zuhause in Deutschland gefunden zu haben. Zuhause kann jedoch nur sein, wo Politik nicht auf Kosten von Minderheiten geht.

Was mich hier hält? Ein ganzes Leben in Deutschland, meine Sprache, mein Denken, alles, was mir vertraut ist.

Ich liebe Israel, bin sehr gern und häufig dort, und doch wäre ich glücklich, wenn ich die Möglichkeit hätte, beide Länder als meine Heimat zu sehen.

Ich wünsche mir, dass Deutschland nicht in Hilflosigkeit erstarrt und kapituliert, sondern dass „Halle" Deutschland endlich wachgerüttelt hat, rechtlich und sicherheitspolitisch gegen Antisemitismus vorzugehen.

**Jutta Prajs**, geboren 1947 in Polen, seit 1953 in Deutschland, engagiert sich für karikative Organisationen in Berlin und Tel Aviv.

Jutta Prajs über ihre Eltern Nina und Henryk Fitz:
*„Keiner kann mir die Liebe, die ihr mir gegeben habt, wegnehmen."*

Foto, 2020. Sharon Adler.

# Mira Bondar-Rosenblit

## In der Ukraine hatte ich Angst um meine Kinder, in Deutschland habe ich Angst um meine Enkel

Der Anschlag auf die Synagoge in Halle (Saale) an Yom Kippur 2019 hat mich sehr schockiert und traurig gemacht. Wieder wächst meine Angst, bin ich doch aus der Ukraine nach Deutschland gekommen, um hier als Jüdin ein „normales" Leben zu führen. Ich bin 1950 in Proskuriv (russisch Proskurov) in der Ukraine geboren. Eine Stadt, die 1954 in Chmelnyzkyj umbenannt wurde, was ein Problem für uns Juden war. Bohdan Chmelnyzkyj stand als Truppenführer an der Spitze eines großen Kosakenaufstandes. Jener Kampf (1648 bis 1657) richtete sich gegen den feudalen Ständestaat Polen-Litauen. In den Wirren jener Zeit kam auch die Hälfte der jüdischen Bevölkerung ums Leben. Das war die größte Dezimierung der Juden vor der Shoah.

In unser Haus kamen auch viele Nichtjuden. Das lag daran, dass meine Mutter eine sehr gefragte und bekannte Ärztin war. Sie begann ihr Studium in Odessa, aber als der Zweite Weltkrieg ausbrach, musste sie in Tscheljabinsk im Ural weiterstudieren. Dorthin hatte auch die Universität von Kiew ihre Institute ausgelagert. Nach dem Studium wurde sie nach Chmelnyzkyj versetzt, wo sie als Chefärztin am Hospital gearbeitet hat. Dort hat sie auch meinen Vater kennengelernt. Dieser hatte eine traditionelle ostjüdische Grundschule (Cheder) besucht und arbeitete als Leiter der Finanzabteilung in militärischen Einrichtungen. An Bildung war meine Mutter meinem Vater überlegen, aber es war ihr eben wichtig, einen Juden zu heiraten, der zudem noch Kenntnisse über das Judentum besaß. Mein Vater kämpfte im Zweiten Weltkrieg bis Stalingrad. Was wir über jüdisches Brauchtum und Kultur kannten, wussten wir von ihm, denn unser jüdisches Leben fand nur im Geheimen statt. Die „Große Synagoge" wurde Mitte der 1930ziger-Jahre vom sowjetischen Zentralkomitee geschlossen, zum öffentlichen Raum umfunktioniert, als Sportgruppe „Avangard[1]" genutzt und somit entweiht. Erst 1993, als wir die Ukraine bereits verließen, konnte die Synagoge wieder für religiöse Zwecke genutzt werden.

Zu den religiösen Feiertagen rund ums Jüdische Jahr trafen sich die Verwandten in unterschiedlichen Privatwohnungen. Dort wurde dann gebetet. Zu unserem Glück besaßen wir zwei Gebetbücher. Da wir in einem atheistischen Land lebten, konnten unsere Hohen Feiertage nicht so zelebriert werden wie im Westen. Am Yom Kippur[2] wurden Gebete gesprochen, aber nicht gefastet.

---

1  „Avangard" (russisch), Avantgarde.

2  Versöhnungstag, ernster Fasttag, Bußtag.

Nur meine Großmutter Anastasia Todd, geborene Mendelsohn, tat es, obwohl ihr Geburtstag gelegentlich auf den Yom Kippur fiel. Zu Rosch Ha Schana[3] sprachen wir die entsprechenden Segenssprüche und tauchten Apfelstücke in Honig ein.

Das wichtigste jüdische Ereignis im Jahr war Pessach[4]. Wir besorgten rechtzeitig Gefillte Fisch und organisierten Mazze[5]. Die wurde von einer dafür bestimmten Familie für die Leute in der Nachbarschaft gebacken. Allerdings haben wir immer darauf geachtet, dass wir die Mazze mit einem Tuch gut umhüllten, sodass niemand sehen konnte, was wir eigentlich transportierten.

Wir waren in unserer Familie nicht einfach per se jüdisch. Wir hatten vor allem einen großen Wissensdrang, mehr über die jüdische Kultur, Tradition und Musik zu erfahren. Aber es gab ja keine Bücher, keine Informationen, keine jüdischen Kultureinrichtungen. Als wir einmal Verwandte besuchten, hörte ich dort drei Mädchen jiddische Lieder singen. Ich, damals 16 Jahre alt, war neidisch und traurig zugleich.

Es war für mich selbstverständlich, einen Juden zu heiraten. Mein Mann ist aus einer guten jüdischen Familie und, wie ich, Musiker. Sein Nachname ist Rosenblit. Jeder, der in der Ukraine diesen Namen liest oder hört, weiß, dass es ein jüdischer Name ist. Dies wurde unserer ältesten Tochter zum Verhängnis. Als sie 1982/83 in der zweiten Klasse der Grundschule war, kam sie dauernd weinend nach Hause, weil ihre Mitschüler sie wegen ihres jüdischen Nachnamens verhöhnt und verlacht haben. Daher beschlossen wir unseren Familiennamen zu ändern, was in der Ukraine äußerst schwierig war. Wir waren Bittsteller vieler Behördenstellen und nahmen schließlich meinen Nachnamen an. Seitdem heißen wir Bondar. Bondar heißt übersetzt „Fassmacher". So heißen auch viele Ukrainer. Man kann es in Deutschland mit dem Namen Schneider vergleichen.

Viele bekannte Schriftsteller und Künstler haben ihren Nachnamen geändert, sonst hätten sie in der Ukraine keine Karriere machen können. Aber nicht nur der jüdische Nachname schien ein Problem zu sein. Wir nannten unsere älteste Tochter Janina. Nun wurde ich von der Mutter einer Mitschülerin beschimpft, was uns Juden einfallen würde, unseren Kindern ukrainische, bzw. polnische Namen zu geben.

1990 flogen wir zum ersten Mal in die USA. In Rochester am Ontario See haben unsere Verwandten es möglich gemacht, dass wir nach 13 Ehejahren eine richtige jüdische Hochzeit mit Chuppa[6] und Rabbiner feiern konnten.

---

3 Hebräisch, „Kopf des Jahres" Jüdisches Neujahrsfest, Bußtag.

4 Fest zur Erinnerung an den Auszug der Israeliten aus Ägypten.

5 Jiddisch. Ungesäuertes Brot an Pessach.

6 Hebräisches Wort für den Trauhimmel, der von vier Stangen gehalten wird, darüber ist ein Baldachin für die Hochzeitszeremonie gespannt.

Zu diesem Anlass bekamen wir viel Judaica geschenkt, die unser jüdisches Leben in den drei letzten Jahren, die wir noch in der Ukraine verbrachten, sehr bereichert haben.

Als Juden hatte man in der Ukraine kaum Chancen auf eine bessere Ausbildung. Es war auch bekannt, dass nur fünf Prozent Juden an der Universität angenommen wurden. Ich hatte zwar ein sehr gutes Examen an der Musikhochschule absolviert, durfte aber nur an der „Mittleren Musikschule" unterrichten. An der Musikhochschule nahm man kaum Pädagogen, die Juden waren, an. Es gab eben Einschränkungen für Juden und diese sollten für meine Kinder nicht gelten. Als 1993 fast alle Juden das Land verließen, gingen auch wir. An erster Stelle stand die USA, aber dorthin konnten wir nicht immigrieren, weil wir keine Verwandten ersten Grades, sondern nur Cousins und Cousinen vorweisen konnten. Da meine Mutter noch bis 1993 bei uns lebte, und aus gesundheitlichen Gründen keine Hitze vertrug, hatten wir keinen Antrag für Israel gestellt. So haben wir uns für Deutschland entschieden. Durch unsere beiden Töchter Janina und Ella erfuhren wir viel über die jüdische Religion und Kultur, denn sie besuchten mit Begeisterung die Kurse der Jüdischen Gemeinde Potsdam.

Eigentlich geht es uns gut, wir sind Mitglieder der Jüdischen Gemeinde, nun in Berlin, und wir brauchen keine Angst zu haben, dass man uns als Juden erkennt. Wir wohnen in einem Haus, in dem man außen an der Eingangstür eine Mesusa[7] hängen kann. Aber wenn ich von antisemitischen Anschlägen höre, denke ich nun voller Sorge an meine Enkel. Zwei leben in USA und einer in Berlin. Hoffentlich erleben sie keinen Judenhass.

Die Angst ist und bleibt mein Begleiter. Aber ich vertraue auf HaSchem, auf G'TT.

**Mira Bondar-Rosenblit** ist 1950 in Proskuriv (Chmelnyzkyj) in der Ukraine geboren und aufgewachsen. Sie studierte dort an der Musikhochschule Klavier und wirkte bis 1993 als Pianistin und Musikpädagogin. Seit 1993 lebt sie mit ihrem Mann, einem Geiger im Symphonischen Orchester Berlin und ihren Töchtern – zunächst in Potsdam – später in Berlin, wo sie die gleiche Tätigkeit ausübt. Mira Bondar-Rosenblit war zunächst Beterin in der Synagoge Joachimsthaler Straße, seit einigen Jahren aber besucht sie die Synagoge Pestalozzistraße.

---

7 Röhrchen am Türpfosten, darin eine winzige Pergamentrolle mit einem Text aus dem 5. Buch Moses (6,4-9 und 11,13-21), das als Schutz und Mahnung dient.

Mira Bondar-Rosenblit: Ein über hundert Jahre alter Miniatur-Kidduschbecher der Familie Rosenblit, der zu den wenigen Judaica gehörte, die wir hatten, als wir noch in der Ukraine lebten.

Foto, 2020. Sharon Adler, Bildbearbeitung, Grafische Werkstatt.

# Annie Karolinski-Donig

### Ich habe keine Angst. Sollte ich?

Ich kam nach Berlin, um meinen Freund Symcha zu besuchen. Fast 40 Jahre ist das jetzt her. Seit einem Jahr schon führten wir damals eine Fernbeziehung, ich lebte in Kanada, er in Deutschland. Es war Weihnachten und wir fuhren durch die winterliche Stadt. In vielen Fenstern standen wunderschöne Lichter und Kerzen. Chanukka und Weihnachten finden immer zur ungefähr gleichen Zeit statt, und zu Hause in Kanada war es ganz normal, überall Chanukkiot zu sehen. In Berlin also auch, dachte ich. Als ich das Symcha sagte, starrte er mich eine Sekunde wortlos an. Dann begann er zu lachen und konnte nicht mehr aufhören. Das sei doch ganz normale Weihnachtsdeko, weil gerade Adventszeit ist, erklärte er mir. Meine automatische Annahme kam mir so lächerlich vor. In dem Moment verstand ich, wie wenig ich über jüdisches Leben in Berlin wusste.

Die Juden in Deutschland heute haben wenig mit dem deutschen Judentum von einst zu tun. Deutsche Juden waren eine wichtige Stütze der Gesellschaft gewesen, integriert, kulturell interessiert. Oft lebten sie schon seit vielen Generationen in Deutschland und hatten hier wichtige Funktionen in der Bildung, im Wirtschaftsleben und der Wissenschaft inne. Sie waren stolz darauf, Deutsche zu sein. Gleichzeitig war Berlin ein Zentrum der jiddischsprachigen Diaspora aus Osteuropa. Der Zweite Weltkrieg und der Holocaust änderten das für immer. Wer nicht schon in den frühen Dreißigern das Land verlassen konnte, musste sich verstecken oder flüchten, oder wurde in die Ghettos oder Konzentrationslager deportiert. Wer konnte, baute sich woanders ein neues Leben auf, in Israel, den USA, Kanada, Südamerika, oder fernen Ecken Europas. Wohin die deutschen Juden auch gingen, sie nahmen ihre deutsch-jüdische Kultur mit und belebten sie dort neu. So wurde zum Beispiel Tel Aviv die Hauptstadt der Bauhaus-Architektur.

Nur ein kleiner Teil der deutschen Juden kehrte in ihr Heimatland zurück. Deswegen wurden die Jüdischen Gemeinden in Deutschland überwiegend nicht von ihnen neu aufgebaut, sondern von Überlebenden aus DP-Camps, vor allem aus Polen. Überlebende wie Symchas Eltern. Sie hatten sich nach dem Krieg in Szczecin kennengelernt und geheiratet, und wurden dann von den Amerikanern, so erzählte mir Symcha, nach Deutschland gebracht. In Polen war es nach dem Krieg für sie zu gefährlich geworden, es drohten neue Pogrome. Symcha selbst ist in einem DP-Camp geboren.

Die „Displaced Persons" waren heimatlos geworden, sie hatten einen blauen „Fremdenpass", auf dem als Nationalität „ungeklärt Polen" eingetragen war und der alle zwei Jahre erneuert werden musste. Von den etwa 100.000, die sich nach dem Krieg in Deutschland aufhielten, emigrierten viele, zum Beispiel nach Israel, USA, England, Frankreich.

Wer blieb, hatte meist keine andere Wahl. Krankheit, Geschäfte, oder familiäre Verpflichtungen hielten sie hier oder sie bekamen keine Einreisevisa. Langsam setzte das Leben wieder ein.

Symchas Mutter und seine Tante bekamen sowieso jedes Mal Angst, wenn sie Deutsche in Uniform sahen, die Behördengänge setzten ihnen noch mehr zu. Er musste sie jedes Mal begleiten, um sie zu beruhigen und das aufbrechende Trauma möglichst gering zu halten. Selbstverständlich hätte es eine pragmatische Lösung für dieses bürokratische Dilemma gegeben – sie hätten einfach deutsche Staatsbürger werden können. Aber das kam natürlich überhaupt nicht in Frage. Der andere Ausweg wäre gewesen, wegzugehen, das Land zu verlassen. Das stand als Möglichkeit sowieso immer im Raum. Wir kennen dieses Gefühl der „gepackten Koffer": Man lebt an einem Ort und will doch nur an einem anderen sein. Auch die folgenden Generationen können so nie wirklich ankommen. Ein Gefühl des Andersseins, des „Wir" gegen „Sie" verschärfte diesen Konflikt nur. Überlebende wie Symchas Eltern konnten sich höchstens in Israel zu Hause fühlen. Eine andere Heimat konnte es für sie nicht geben.

Symcha erzählte mir, dass er als jüdisches Kind kaum von deutschen Klassenkameraden zum Spielen eingeladen wurde. Er sagt, er ist kein deutscher Jude, sondern ein Jude in Deutschland, und ein stolzer Berliner. Er liebt seine Stadt. Für das Land, das seinen Pass ausstellt, hat er keine besonderen Gefühle.

Im DP Camp hatte meine Schwiegermutter, Symchas Mutter, viele Freundschaften geschlossen, die ihr zu einer Ersatzfamilie wurden, ihr ein Gefühl der Sicherheit und des Schutzes gaben. Diese Freundschaften hielten ein Leben lang und wurden auch von den Kindern wie Symcha gepflegt. Seine Generation bestand zum Teil aus Einzelkindern. Sie wurden deswegen einander Brüder, Schwestern, Cousins, Cousinen. Sie spielten und feierten zusammen und gaben sich Halt. Nicht-jüdische Freunde hatte fast niemand. Sie lebten zurückgezogen und abgegrenzt von einer feindlichen Welt. Selbst ihre Mesusot hatten sie innen angebracht.

Jedes Jahr reiste diese „Familie" an den gleichen Ort, wie Zugvögel. Weihnachten und Silvester waren sie in Seefeld in Österreich und im Frühling in Israel. Die Sommerferien wurden wahlweise in Pietra Santa in Italien oder im Kurort Badenweiler im Schwarzwald verbracht. Als Überlebende bekamen sie alle zwei Jahre eine Badekur vom Entschädigungsamt. In Badenweiler gaben meine Schwiegereltern ihre jährlichen „Entschädigungszahlungen" aus. Es wurde Jiddisch gesprochen, Karten gespielt und viel Eiscreme gegessen. Jeder Urlaub lief gleich ab, auch das gab ihnen das Gefühl, in Sicherheit zu sein. Als Jugendlicher verbrachte Symcha seine Sommerferien in Israel. Diese Reisen waren Abenteuer, und trotzdem beschützt. Auch Symcha war Teil einer großen Gruppe, mit den gleichen Interessen und der gleichen Sprache.

Viele der Überlebenden sind inzwischen verstorben, ihre Kinder und Enkel halten diese Verbindungen aber aufrecht. Die emotionalen Mauern, die ihre Eltern um sie herum errichtet haben, beschützen sie immer noch, aber verstärken auch das Gefühl, nicht zu Deutschland zu gehören, bis in die dritte und inzwischen vierte Generation hinein.

Ich bin keine deutsche Jüdin, ich bin keine Jüdin in Deutschland. Ich bin noch nicht einmal Berlinerin. Ich bin in keiner eingemauerten Gemeinde aufgewachsen, bin nicht das Kind von „Displaced Persons", die eigentlich nur das Land verlassen wollten, egal wohin. Ich weiß nicht, wie es sich anfühlt, das einzige jüdische Kind in der Schulklasse zu sein. Meine Heimat war immer dort, wo ich aufgewachsen war und lebte, kein anderer ferner Ort. Israel war für mich nie die einzige Antwort auf meine Fragen. Ich teilte die Welt nicht in „Wir" und „Sie". Ich saß nicht auf gepackten Koffern mit dem ewigen Plan, meine Zukunft woanders zu verbringen.

Kanada war meine Heimat. Ich ging auf eine protestantische Schule, wo wir jeden Tag „O Canada" und „God save the Queen" sangen. Viele der Schüler und Lehrer waren jüdisch, an den jüdischen Feiertagen war die Schule geschlossen. Das war ganz normal. Wir kannten keine Mauern, wir versteckten uns nicht. Wir spielten auf der Straße und trafen uns in Parks. Und natürlich hingen wir unsere Mesusot außen auf. Als ich mit 20 das erste Mal nach Europa reiste, klebte ich einen großen Kanada-Sticker auf meinen Rucksack. Niemand sollte mich für eine Amerikanerin halten. Ich bin Kanadierin, und stolz darauf. Schließlich hatte dieses Land meine Eltern willkommen geheißen. Sie hatten sich als Überlebende in Krakau kennengelernt. Sie heirateten dort, meine Schwester wurde geboren. Dann gaben sie alles auf, um ein neues Leben zu beginnen. Ihre Odyssee führte sie nach Israel, als Staatenlose. Meine Mutter ließ ihre Eltern und ihre Schwester zurück, ohne zu wissen, ob sie sich jemals wiedersehen würden.

Das Leben in Israel 1950 war schwer. Meine Schwester war noch sehr klein, und meine Eltern wurden in dem Land nie ganz heimisch. Sie blieben zwei Jahre und beschlossen dann, nach Montreal zu ziehen, zur Schwester meines Vaters und ihrer Familie, seinen einzigen überlebenden Verwandten. Ein kurzer Aufenthalt in Rom erleichterte den Visaprozess. 1952 flogen sie in ihre neue Heimat. Mein Vater erzählte später immer, dass er bei der Ankunft den Boden geküsst hätte und von einer Coca-Cola und einer Banane träumte.

Mein Vater war in einer traditionellen Familie in Krakau aufgewachsen. Zu Hause sprach er Jiddisch, in der Schule polnisch. Fußball lag ihm mehr als Lernen, sagte er. Er war gerade 20, als der Krieg begann.

Er verlor den größten Teil seiner Familie im Holocaust und damit auch seinen Glauben. Danach änderte er seinen Namen von Schlomo in Ignacy, wie Sankt Ignatius. Er wollte nicht mehr als Jude erkannt werden, und sprach kein Jiddisch mehr. Mein Vater gewöhnte sich schnell an seine neue Umgebung und wurde ein großer Patriot, ein stolzer Kanadier. Er liebte seinen Pass und sein Land, bis zum Ende seines Lebens. Dass er als Flüchtling aufgenommen wurde und schließlich Staatsbürger und ein integrierter Teil der Gesellschaft werden konnte, half dabei, wenigstens ein paar der Gespenster zu vertreiben. Trotzdem erzählte er nie von seiner Vergangenheit, immer nur ein paar Details über seine Familie, dann sprang er übergangslos von seiner Jugend zu seiner ersten Begegnung mit meiner Mutter. Was er während des Krieges erlebt hatte, konnte er nicht erzählen, und er konnte es auch nicht ertragen, wenn jemand in seiner Gegenwart über seine eigenen Erlebnisse sprach. Stets umgab ihn Melancholie. Erst viel später verstand ich, wie tief der Verlust und die Trauer saßen. In seinen letzten Lebensjahren verstummte er komplett und war von Reue gezeichnet. Er bat mich um Verzeihung, dass er mir keine jüdische Erziehung mitgegeben hatte. Die Erinnerung an meinen Vater, sein Leiden, seine Trauer, schmerzt mich. Als Kind war es meine Aufgabe, ihn zu beschützen und ihn glücklich zu machen. Ich hoffe, dass es mir gelungen ist. Ich vermisse ihn sehr.

Meine Mutter kam aus einer assimilierten Familie in Rabka. Sie sprach Polnisch und Deutsch, kein Jiddisch. Sie ging auf eine Privatschule, bis auf die Feiertage hatte das Judentum für sie wenig Bedeutung. Ihr Vater, mein Großvater, war aufrechter Pole, ein Landbesitzer, der im Ersten Weltkrieg gekämpft hatte und Politiker und Prominente in seinem Haus empfing. Nach dem Einmarsch der Deutschen 1939 war er nur noch ein ungewollter Jude, der fliehen musste. Ihre Familie überlebte den Krieg im zentralasiatischen Teil der Sowjetunion, wo das Leben natürlich hart war, aber die KZs der Deutschen trotzdem weit entfernt lagen. Sie kehrten, vollständig, nach Krakau zurück. Mein Großvater war jetzt ein gebrochener Mann, der alles verloren hatte, an das er einst geglaubt hatte. Er wusste nicht mehr, wer er war.

Meine Mutter sprach stets mit großem Stolz über ihre Kindheit, aber ich glaube, dass auch sie viel Verlust ertragen musste. Sie war eine sehr gute Schülerin gewesen, mit einem großen literarischen Talent. Das Gefühl, dass man ihr viele Möglichkeiten genommen hatte, verließ sie nie. Als ihre Kinder ein bisschen älter waren, versuchte sie, diese verlorene Zeit aufzuholen. Sie studierte, erlangte ihren Bachelor und begann sogar ihren Master in russischer Literatur und Sprachwissenschaft. Ich glaube, dass das die glücklichsten Jahre ihres Lebens waren. Als ich klein war, bestimmten ihr Wissensdrang und ihre Abenteuerlust ihr Leben. Erst viel später fand sie etwas Frieden für sich.

Diese Verlustgefühle prägten mich stark und trieben mich um. Sie waren mit meinen Eltern und ihren Lebenswegen verknüpft, mit ihrer Trauer, aber auch mit meinem Bedürfnis, diese Gefühle zu kompensieren. Ich fühlte mich für ihr Glück verantwortlich.

Die Kinder von Holocaustüberlebenden hatten einfach keine unbeschwerte Kindheit, egal, wo sie aufwuchsen. Der Verlust und der Schmerz ihrer Eltern drangen auch in sie, wie durch Osmose. Schuldgefühle für diesen ständigen Schmerz bestimmten ihr Innenleben. Verstehen kann das nur, wer aus einer ähnlichen Familie kommt.

Ich lernte Symcha im Urlaub in Miami kennen. Er stellte sich als Simon K. vor, französisch ausgesprochen, weil er es gewohnt war, dass andere seinen Namen verunstalten, gerade Anglophone. Er sprach Französisch mit mir, bis ich ins Englische wechselte, dabei änderte sich auch die Aussprache seines Vornamens. Im Laufe des Abends fiel mir der wunderschöne Anhänger auf, den er um den Hals trug: eine kleine Torah-Rolle an einer alten Uhrenkette. Ich fragte ihn, ob er jüdisch sei, und sagte gleichzeitig, dass ich es auch bin. Damit wurde er zu Symcha, aus Zürich. Mir waren diese Namenswechsel egal. Nach ein paar Tagen gestand er mir verschämt die Wahrheit. Er war nicht ganz ehrlich zu mir gewesen. Hatte er etwa Frau und drei Kinder? Nein, viel simpler – so dachte ich jedenfalls. Er war gar kein Schweizer, sondern kam aus Berlin. Deutschland. Bestimmt hatte er erwartet, dass ich mit Horror oder Enttäuschung auf diese Enthüllung reagieren würde. Dabei war mir auch das völlig egal. Ich war nur einfach erleichtert, dass er nicht schon verheiratet war. Mir war nicht klar, wie schwer es ihm gefallen sein musste, mir das zu erzählen. Ich unterschätzte sein permanentes Unwohlsein. Schließlich hatte Symcha einen ganz ähnlichen Hintergrund wie ich, unsere Eltern waren Überlebende, wir fühlten uns verbunden, hatten ähnliche Werte und wollten einer jüdischen Gemeinschaft angehören, die nicht unbedingt religiös definiert war, sondern eher kulturell. Unsere Unterschiede – ich war ohne Religion aufgewachsen, er traditionell; meine Liebe zu Kanada, seine Scham, aus Deutschland zu kommen – ergänzten sich. Wir hatten im anderen den idealen Partner gefunden, so dachten wir wenigstens.

Erst, als ich schon verheiratet war und in Berlin lebte, merkte ich, dass es komplizierter war. So widersprüchlich ist das Leben manchmal: Ich, als Erste in meiner Familie in Kanada geboren, zog an den Ort, an dem der Schrecken begonnen hatte. In meiner Kindheit waren zu Hause keine deutschen Produkte erlaubt. Ich wäre nie auf die Idee gekommen, Deutschland zu besuchen, geschweige denn, dort zu leben. Dieses Gefühl blieb in meiner Familie bestehen: Meine Mutter hatte vor ihrem Besuch Panikattacken, mein Vater wollte nur die Mauer sehen und war dann enttäuscht, dass sie nicht höher war, meine Schwester hasste die Reise einfach. Ich fühlte mich schuldig, sie alle in diese Situation gebracht zu haben.

Jüdisches Leben in Berlin fand nicht in einem Ghetto statt, es war nicht umzäunt oder klar geografisch abgesteckt (auch wenn die meisten natürlich in Charlottenburg lebten). Die Mauern waren emotionaler und psychologischer Natur, und sie verhinderten jede Normalität. Ich wurde Teil dieses Lebens und pflegte genau dieses Bewusstsein der Abgrenzung, das ich vorher als ungesund verurteilt und abgelehnt hatte.

Wenn ich einen Mann im Alter meiner Eltern sah, fragte mich sofort, woher er kam, was er während des Krieges getan hatte. In einem Raum voller Deutscher bekam ich Zustände, mein Herz raste, ich wurde kurzatmig. Ich verspürte das Bedürfnis, jeder Person sofort zu erzählen, dass ich jüdisch bin. Ich wollte eine Reaktion provozieren, eine negative, die mich dann in meinem Gefühl bestätigen sollte, dass Juden hier keine Heimat haben. Alles Beständige, jede Zugehörigkeit, die meine Identität ausgemacht hatten, wurden von dieser Erfahrung in Zweifel gezogen. Auch ich fing an, auf gepackten Koffern zu leben und sprach dauernd davon, das Land zu verlassen.

Und doch waren es genau diese unsichtbaren Mauern, die mir lange Zeit ein Gefühl der Sicherheit gaben. Ich lernte, jüdisch zu sein in einem Land, in dem das nicht normal, nicht selbstverständlich war. Irgendwann begann mir diese Normalität doch zu fehlen. Wir bekamen zwei Kinder, und sie sollten es anders haben als ihr Vater. Ich verbrachte mit ihnen so viel Zeit wie möglich in Nordamerika, zu den Feiertagen und in den Sommerferien. Sie sollten auch meine Welt kennenlernen. Doch dadurch erzeugte ich nur noch mehr Konflikte. Meine Tochter Alexa fühlte sich einfach nirgendwo zu Hause und wollte nur weg, auch heute fühlt sie sich weder besonders deutsch noch besonders kanadisch. Vermutlich könnte sie überall auf der Welt leben. Ihre Heimat ist ihre Familie und deswegen an keinen einzelnen Ort gebunden. Mein Sohn David hat sich eingerichtet, er will in Berlin bleiben und hat wenig Interesse an seinen kanadischen Wurzeln.

Während unsere Kinder aufwuchsen, entwickelte ich Vorbehalte gegen den Mann, mit dem ich mich einst so verbunden gefühlt hatte. Es wurde zu einem Problem für mich, dass meine Kinder weiterhin in Deutschland lebten. Ich hatte kaum Verständnis für sein Dilemma, er nicht für meins. Beides führte mit zum Ende unserer Ehe. Auch, als ich meine Koffer wieder ausgepackt hatte, legte sich dieser Vorbehalt nicht. Wir waren beide zu naiv und glaubten, dass wir die ganzen Probleme, die unsere Familien uns vererbt hatten, lösen könnten, ohne ehrlich und offen über sie zu sprechen.

Er dachte, dass ich einfach in seine enge Welt passe, dass ich ewig in ihr eingesperrt bleiben könnte. Ich dachte, dass ich ihn doch noch überzeugen könnte, das zu wagen, was seinen Eltern unmöglich gewesen war, und ein neues Leben zu beginnen. Außerhalb von Deutschland.

Heißt „deutsch" zu sein auch, vollständig assimiliert zu sein? Ein eigenes Erbe, eigene Wurzeln und eine eigene Kultur aufzugeben? Ich komme aus einem Land, das auf sein vielfältiges Mosaik aus verschiedenen Religionen und Kulturen immer stolz war, wo Juden, Christen und Muslime zusammen leben können, und niemand seine Herkunft verleugnen muss. Menschen sprechen weiterhin ihre Sprache und leben mit ihresgleichen, wenn sie wollen. Sie sind trotzdem Teil der Gesellschaft, und nicht parallel zu ihr oder unter ihr.
Sie können arbeiten und gesetzestreue Bürger werden, genau wie meine Eltern.

Und was heißt eigentlich „deutsch"? Die blonden blauäugigen Christen, die lange Zeit den Großteil der Deutschen ausgemacht haben, sind heute nur eine Gruppe von vielen. Sind meine braunhaarigen jüdischen Kinder mit ihren braun-grünen Augen nicht deutsch? Sie sind hier geboren und zur Schule gegangen, Deutsch ist ihre Muttersprache. Mein Sohn hat hier Wurzeln geschlagen, meine Tochter musste Deutschland erst verlassen, um sich als Jüdin normal zu fühlen. Sind beide Wege nicht legitim? Ist der eine denn wirklich weniger deutsch als der andere?

Anders als ihr Vater sehen sich meine Kinder beide als deutsche Juden. Ihre Identität ist ihnen wichtig, aber vielschichtig. Sie haben ganz bewusst die alten Konflikte hinter sich gelassen, jeder auf ihre und seine Weise. Sie sind nicht nur Teil einer engen jüdischen Gemeinschaft, sondern leben in einer viel offeneren Welt. Und sie haben eine Balance gefunden zwischen ihrer jüdischen Identität und dem Wunsch, ein eigenes Leben zu führen.

Jetzt sitze ich also hier, fast 40 Jahre später, geschieden, noch einmal verheiratet, immer noch in Berlin. Ich liebe diese Stadt mit all ihren Kanten und Ecken und Winkeln. Ich bin stolz, dass Berlin seine Diversität so feiert.

Halle hat die Gefühlslage aller Juden in Deutschland erschüttert. Sie fühlen sich bedroht und schauen in eine unsichere Zukunft. Wie früher. Rassismus wird lauter und aggressiver; diesmal sind nicht nur Juden das Ziel, sondern alle, die nicht als deutsch gelten: in Chemnitz und überall, wo Nazis „Ausländer raus!" rufen; in Halle, wo Betende in ihrem Gotteshaus erschossen werden sollten; auf den Straßen, auf denen Männer mit Kippot bedroht werden. Während ich dies schreibe, liegt die letzte, bislang mörderischste Tat erst eine Woche zurück, als in Hanau zehn Menschen getötet wurden. Die Liste ließe sich fortsetzen.

Die Gewalt geht meist von radikalisierten Deutschen aus. Für ihre Ideologie gibt es einen englischen Begriff aus der Soziologie: white supremacy, der Glaube, dass Weiße die überlegene „Rasse" seien. Sie haben Angst, ihre „weißen Privilegien" zu verlieren, Deutschland soll nur ihnen allein gehören, nur sie allein sollen bestimmen, was und wer „deutsch" ist. So wird der Neonazismus immer mächtiger und gefährlicher; so entsteht Terror.

Diese Entwicklungen machen meinen jüdischen Freunden Angst. Wieder einmal ist die Rede davon, wegzugehen, das Land zu verlassen, wegen ignoranter Menschen, die gerade wegen ihrer Ignoranz so gefährlich sind. Doch ich weigere mich, an die Dreißiger Jahre zu denken. Ich glaube lieber an die Demokratie in meiner Wahlheimat.

Als die Nazis in Chemnitz marschierten, standen ihnen genauso viele Menschen gegenüber, die riefen, dass jeder in Deutschland willkommen ist.

Ich habe keine Angst. Sollte ich?

Seit dem Ende des Zweiten Weltkriegs und der Befreiung der Lager leben die Jüdischen Gemeinden in Deutschland im Schatten des Holocausts. Juden hatten in Deutschland immer eine besondere Stellung, und durch ihr Mahnen haben sie viel erreicht. Unsere Institutionen werden vom Staat teilweise geschützt. Doch es ist genau diese Sonderstellung, die „Normalität" fast unmöglich macht.

Drei Generationen später sind Juden eine Minderheit unter vielen. Damit sinkt das Schuldbewusstsein und das Verantwortungsgefühl vieler Deutscher – und dadurch nehmen Antisemitismus und Rassismus wieder zu. 30 Jahre nach der Wiedervereinigung ist Antisemitismus wieder „salonfähig", genauso wie abwertende Bemerkungen über andere Minderheiten. Musik mit rassistischen Texten ist Teil des Mainstreams, und wer auf der Straße als jüdisch oder muslimisch erkennbar ist, muss mit Beschimpfungen, Drohungen und körperlicher Gewalt rechnen.

Deswegen müssen wir gehört und gesehen werden. Wir sind keine Ausnahme, wir sind die Regel. Wir wollen uns nicht die Haare blond färben und blaue Kontaktlinsen tragen, um für gottesfürchtige Christen gehalten und endlich in die Mitte der Gesellschaft eingelassen zu werden. Genau deswegen müssen wir uns um positive Beziehungen zu den anderen „nicht-deutschen" Minderheiten bemühen, damit unsere Stimmen gemeinsam noch lauter werden. Unsere Stärke liegt in unseren Unterschieden. Nur so haben wir in Deutschland eine Zukunft.

Ich erlaube niemandem, mir das zu nehmen, was mir zusteht: das Recht, in dem Land zu leben, in dem ich leben will; meine Religion auszuüben und sie anderen dabei nicht aufzuzwingen. Mich frei und ohne Furcht in meiner Stadt zu bewegen. Mir meine Freunde selbst auszusuchen. Und das Recht, dafür respektiert zu werden, wer ich bin, und dafür akzeptiert zu werden, wer ich nicht bin. Ich werde keine Angst haben, ich zu sein.

**Annie Karolinski-Donig**, Tochter polnischer Juden, 1956 in Montreal, Kanada geboren. Sie studierte Sozialwissenschaften und arbeitete als Therapeutin, bevor sie ihr Diplom in Betriebswirtschaft absolvierte. 1982 zog sie nach West-Berlin, wo sie viele Jahre im Vorstand der WIZO (Womens International Zionist Organisation) tätig war. Heute leitet sie das Redaktionskomitee des WIZO Berlin Magazins. Sie hat zwei Kinder, Alexa und David, und drei Enkelkinder Amira, Reva & Elia.

Übersetzung aus dem Englischen, Fabian Wolff, März 2020.

Schabbatleuchter der Familie Donig, Jugendstil.

Nach einer Odyssee 1938 von Berlin nach Amsterdam, Ellis Island bei New York und Buenos Aires brachte der Enkel Pedro Donig die Leuchter 2005 zurück nach Berlin.

Foto, 2020. Sharon Adler.

# Romina Wiegemann

## Empfinden Sie Hass?
## Über Kontinuitäten der Gewalt in Deutschland und Österreich

Ein halbes Jahr nachdem der österreichische Bundeskanzler Vranitzky im Jahr 1993 in Israel das späte Bekenntnis der Mitverantwortung Österreichs an den Verbrechen des Nationalsozialismus und des Holocaust abgelegt hat, gibt der Rechtsterrorist Franz Fuchs seine ersten mit Bomben präparierten Briefe auf. Innerhalb von vier Jahren wird Fuchs – ob er tatsächlich ein Einzeltäter war, ist bis heute unklar – 25 davon versenden und drei Sprengfallen deponieren. Die Briefbomben verletzen zwölf Menschen, zum Teil sehr schwer. Sie treffen Angehörige von Minderheiten und zivilgesellschaftliche, kirchliche oder politische Akteur_innen, die sich gegen Rassismus engagieren. Die Roma Peter Sarközi, Josef Simon, Karl Horvath und Erwin Horvath, letztere Enkel des Porajmos[1]-Überlebenden Michael Horvath, werden 1995 im burgenländischen Oberwart ermordet, als sie ein antiromaistisches Schild entfernen wollen. Dahinter war ein Sprengsatz versteckt. Den als „Briefbombenserie" in den Sprachgebrauch eingehenden rassistischen Terror nehme ich als Grundschulkind in groben Zügen wahr.

Er fällt nicht in eine beliebige Zeit, sondern in einen Kontext, in dem offener Rassismus und Antisemitismus wieder fester Bestandteil der politischen und gesellschaftlichen Auseinandersetzung sind. Die als europäischer Vorläufer des „Rechtspopulismus" geltende FPÖ (Freiheitliche Partei Österreichs) erlebt ihren Aufstieg und radikalisiert sich in ihrer rassistischen und antisemitischen Rhetorik immer weiter. Ich erinnere mich an die Slogans der FPÖ, die mir auf dem mit Wahlplakaten gepflasterten Schulweg entgegensprangen und die ich rund zwanzig Jahre später, kaum abgewandelt, auf AfD-Plakaten wiedererkennen werde. Ich erinnere mich auch an meinen Großvater Ionel Cherbis z'l, der, wann immer Jörg Haider in den Nachrichten oder einer TV-Diskussion von der Kamera ausgeleuchtet wurde, „Verbrecher" zischte, bevor er ihn mit allerlei rumänischen und jiddischen Schimpfworten belegte. Er wusste, wovon er sprach.

Um die politische Kultur ist es gegen Ende der 1990er in Österreich also wieder einmal extrem schlecht bestellt. In dieser Stimmung schielen meine Eltern und ich nach Deutschland und sind wahlweise schlecht informiert, unkritisch oder so genügsam, dass wir von unserem Wiener Wohnzimmer aus – aufgepasst – Deutschland belobhudeln. Dies gestaltet sich dann mit gewisser Regelmäßigkeit folgendermaßen: Ein x-beliebiger FPÖ-Politiker bringt in Form einer öffentlichen Äußerung seine Nazi-Gesinnung zum Ausdruck, indem zum Beispiel aus der Fülle schwülstiger SS-Mottos geschöpft wird.

---

1 Pojramos bezeichnet den Völkermord an den europäischen Roma_Romnija in der Zeit des Nationalsozialismus.

Wir schauen uns das im Fernsehen an, die Kinnladen fallen uns runter und nachdem wir uns wieder gefangen haben, sagt eine/r von uns: „In Deutschland hätt' der/die sofort zurücktreten müssen", „In Deutschland könnt' man sich das nicht vorstellen!", oder „Stellt's euch bitte mal vor, der/die hätt' das in Deutschland g'sagt! Da wär' was los!" Denn in Österreich folgt auf diese Vorfälle das ewig gleiche Ritual. Die betreffende Person sagt, es war ihr völlig unbekannt, dass der gewählte Ausdruck der nationalsozialistischen Terminologie entstammt. Die meisten Medien beschreiben den Vorfall als „ungustiösen Ausrutscher", womit seine Irrelevanz just zementiert wird. Einzelne regen sich auf, ein bisschen ein Geschrei, und zwei Tage später juckt es niemanden mehr.

In unserer Vorstellung ist Deutschland also ein moralisches Vorbild, weil – dieses bleibt wie vieles in dieser Deutung undefiniert – sich, im Vergleich zu Österreich, mit seiner nationalsozialistischen Vergangenheit auseinandergesetzt hat. So korrekt, so ordentlich, so integer aussieht. Dieses Bild über Deutschland verankert sich über die Jahre in meiner jugendlichen Wahrnehmung. Mir gefallen die schönen Reden aus dem Nachbarland. Worte wie Erinnerung und Verantwortung in Verbindung mit der Shoah zu vernehmen, wirkt wie das Gegengift zu den Auslassungen meiner Klassenlehrerin. Sie unterrichtet seit 30 Jahren Geschichte und hat den ganz starken Verdacht, dass am Tag des „Anschlusses" im März 1938 bezahlte Schauspieler_innen und keine „echten Österreicher_innen" Hitler entgegenjubelten. Ich entwickle auch die Vorstellung, dass in Deutschland weniger Antisemitismus existiert.

Ab dem Jahr 2000 sitzt die FPÖ, der ÖVP (bürgerlich-konservative „Österreichische Volkspartei") sei Dank, also in der Regierung und ich mit meinen Freund_innen meistens im Ken des Haschomer Hatzair[2]. Uns dämmert, dass wir so langsam den Hintern hochkriegen sollten. Die EU-Staaten reduzieren im Protest gegen die Regierungsbeteiligung der FPÖ ihre diplomatischen Beziehungen zu Österreich. Das finden wir richtig gut. Der nun von der FPÖ zum Kanzler gemachte ÖVP-Politiker Wolfgang Schüssel fordert die österreichische Bevölkerung auf, mit einem „nationalen Schulterschluss" zu reagieren. Es wird uns angst und bange. Zugleich solidarisiert sich ein beachtlicher Teil der Zivilgesellschaft und demonstriert gegen die Koalition. Die Israelitische Kultusgemeinde ist ganz vorne mit dabei. Die größte Wut und Empörung richten sich an die ÖVP, schließlich haben sie Rechtsextreme in die Koalition eingeladen.

Als ich einige Jahre später in Berlin lebe, führen einige Erfahrungen dazu, dass ich mich mit Antisemitismus und dem Umgang mit der Shoah wieder verstärkt auseinandersetze. Ich empfinde ein starkes Bedürfnis, mich in dieser Beziehung, in diesem Land, von dem ich offensichtlich sehr wenig weiß und mit dem mich tatsächlich nichts als die gemeinsame Sprache verbindet, verorten zu können. In den folgenden Jahren muss ich viele meiner Vorannahmen revidieren.

---

2 1913 gegründete sozialistisch-zionistische Jugendorganisation. Das „Ken" beschreibt das „Nest", den jeweiligen regionalen Sitz.

Während meiner Beschäftigung mit der „Erinnerungskultur" konsumiere ich einiges aus ihrem vielfältigen Angebot. Im Verlauf offenbaren sich mir Bilder, die ich als hochgradig irritierend empfinde, wie zum Beispiel der Umgang mit Shoah-Überlebenden. Eingequetscht zwischen Volksmusiker_innen und Schauspieler_innen, die manchmal endlos und munter ihre NS-Familiengeschichte teilen, müssen sie abendliche Talkshows absitzen, bis sie den Zuseher_innen als krönender Abschluss serviert werden. Und eigentlich, stelle ich durch wiederholte Darbietungen dieser Art fest, gibt es oft nur eine Frage, die im allgemeinen Wohlbefinden um kurz vor Mitternacht wirklich interessiert. „Empfinden Sie Hass?", werden, ausgerechnet, sie gefragt. Verneinen sie, wird ihnen symbolisch oder oft auch tatsächlich, die Schulter getätschelt. Geklatsche, Kamera ab, Gute Nacht Deutschland. Ich besuche Fachveranstaltungen zum Thema Holocaust Education, die damit eingeleitet werden, wie ein Erinnern aussehen kann, wenn die Shoah-Überlebenden nicht mehr unter uns weilen. Sie enden mit einmütigen Paneldiskussionen darüber, ob es nicht auch ein Potenzial hätte, wenn nur noch – überwiegend von nichtjüdischen Expert_innen zusammengetragene – Fakten, und nicht etwa diese dubiosen Erinnerungen, Geltung hätten.

Am 73. Jahrestag der Befreiung von Auschwitz besuche ich das Berliner Ensemble. Mein Mann und ich sind gekommen, um einem Gespräch zwischen Michel Friedman und Sigmar Gabriel zu lauschen. Gabriel an diesem Tag eine Bühne zu geben, irritiert mich, und dennoch will ich verstehen, welchen tieferen Sinn eine solche Begegnung haben könnte. Vielleicht habe ich ja etwas noch nicht verstanden. Ein an diesem Abend auffallend behutsamer Michel Friedman möchte von seinem Gesprächspartner wissen, welche Bedeutung dieser Tag für ihn hat. Es kommt – nichts. Friedman ackert sich 90 Minuten lang ab, erläutert seine eigenen, schmerzvollen Gefühle, versucht, tiefer vorzudringen. Gabriel ist keine Emotion zu entlocken, außer, es geht um ihn selbst und seine Familiengeschichte. Er lässt sich lang und breit über die Dinge aus, die er in seiner Heimatstadt erinnerungspolitisch auf den Weg gebracht hat und scheint es auch nicht mal für nötig zu halten, den Ansatz eines Berührtseins vorzutäuschen. Friedman gibt auf und beendet, sichtlich geknickt, das Gespräch mit dem kleinlauten Fazit, dass dieser Tag vielleicht tatsächlich nur für die Menschen, die davon betroffen sind, mit Emotionen verbunden ist. Ich sitze nach diesem quälenden, so unwürdigen Schauspiel wie erstarrt auf meinem Stuhl, und frage mich, wie das Publikum nun reagiert. Was folgt, sind Standing Ovations, als das Duo die Bühne verlässt. Ich blicke in viele lächelnde Gesichter, die meisten können sich kaum einkriegen und klatschen euphorisch. Sie fanden es offensichtlich super. Ich dagegen fühle mich, als käme ich vom Mars, als ich zu meinem ebenfalls schwer irritierten Mann so etwas sage wie: „Das war so schlimm. Der war unerträglich." Meine Sitznachbarin schnappt das auf und fragt, ganz nett, wen von den beiden Herren ich meine. Ich frage sie, ob das nicht offensichtlich ist und bin eigentlich so weit, zu randalieren. Sie antwortet, ja, der Friedman hat wirklich oft eine unangenehme Art.

Die Fülle entsprechender Erfahrungen lehrt mich viel über die die Erinnerungskultur bestimmenden Dominanz- und Machtverhältnisse und deren Wirkung. Sie bilden auch ein zentrales Moment in meinem Verständnis von aktuellem Antisemitismus. Der Umgang damit steht mittlerweile auch im Zentrum meiner beruflichen Tätigkeit. Ich arbeite bereits einige Jahre im von Marina Chernivsky ins Leben gerufenen „Kompetenzzentrum für Prävention und Empowerment" (ZWST)[3] im Bereich der antisemitismuskritischen Bildung und bei OFEK[4], der Beratungsstelle für Betroffene antisemitischer Gewalt und Diskriminierung.

Als ich am Abend des 9. Oktober 2019 nach Yom Kippur[5] nach Hause komme, erfahre ich vom antisemitischen Terroranschlag auf die Synagoge in Halle. Es dauert einen Moment, bis bei mir ankommt, was ich da höre. Die wuselige Abendstimmung auf den Straßen, sie passt nicht mehr dazu, genauso wie das Geplänkel mit der Nachbarin im Fahrstuhl vor fünf Minuten. Ich rede mir ein, dass die Nachricht zu diesem Zeitpunkt auch zu ihr noch nicht vorgedrungen war. Das Bedürfnis, sichere Orte aufsuchen zu müssen, mit Menschen zusammen zu sein, deren Welt nun plötzlich ebenfalls nicht mehr die gleiche ist bzw. dieses Gefühl nachvollziehen können, navigiert mich durch die nächsten Wochen. Die Wahrnehmung, dass der Anschlag im Land des „Nie wieder" für sehr viele Menschen nicht mehr als eine Fußnote im Weltgeschehen darstellt, bleibt, ungeachtet aller bisherigen Erfahrungen, befremdlich.

Die Gewalt hinterlässt bei anderen währenddessen deutliche Spuren, insbesondere bei den Menschen, die vom Täter in der Synagoge, aber auch im Kiosk oder schließlich auf seiner Flucht angegriffen wurden. Auch für die Angehörigen der beiden Ermordeten Jana L. und Kevin S. wird dieser Tag immer mit unwiederbringlichen Verlusten verbunden sein.

Der Terroranschlag, der Juden_Jüdinnen als Gruppe galt, wirkt zugleich in breite Teile der jüdischen Gemeinschaft hinein und markiert generationsübergreifend einen Einschnitt, mit dem Fragen der Sicherheit, Erfahrungen aus der Vergangenheit und Abwägungen von Zukunftsperspektiven einhergehen. Das nehme ich an mir selbst und in meinem persönlichen Umfeld wahr, aber ganz deutlich auch im beruflichen Zusammenhang. Nach dem Anschlag unterstützen wir als Krisenteam der Beratungsstelle OFEK schnell und auf unterschiedlichen Ebenen. Im Zuge unserer akuten Unterstützung kommen wir dem in vielen Gemeinden entstandenen Bedarf an stärkerem Austausch nach. Dieser wird nicht nur wegen der Wirkung des Anschlags selbst benötigt. Viele Juden_Jüdinnen machen in dieser sensiblen Phase Erfahrungen, die mindestens irritieren.

---

3 https://zwst-kompetenzzentrum.de/

4 https://zwst-kompetenzzentrum.de/ofek/

5 Versöhnungstag, ernster Fasttag, Bußtag.

So werden einige in der unmittelbaren Zeit nach dem Mordanschlag mit der Aussage konfrontiert, die erhöhte Polizeipräsenz vor den Synagogen wäre übertrieben oder gar störend für die Allgemeinheit. Gefühle der Verunsicherung werden oft relativiert. Einige belastet es, dass der Anschlag unter Kolleg_innen keine Beachtung findet oder dass sich niemand am Arbeitsplatz durch eine kurze Nachfrage nach ihrem Befinden erkundigt. Gewisse Anteile der politischen und medialen Auseinandersetzung „über Halle" sind ebenso wenig hilfreich. Dazu gehören breit getretene Analysen, die den Antisemitismus als existierende Ausgrenzungs- und Gewaltpraxis[6] kleinreden. Das passiert auch, wenn das politische Mantra vom Antisemitismus, der „in der Gesellschaft keinen Platz" habe, bedient wird, oder wenn von höchsten politischen Stellen die Aussage getätigt wird, ein Mordanschlag auf Juden_Jüdinnen in Deutschland sei „unvorstellbar" gewesen.[7] Diese Feststellungen können von der Realität der jüdischen Gemeinschaft nicht weiter entfernt sein.

Unterdessen in Österreich: Bis zum Ibiza-Skandal im Mai 2019 regiert dort eine Neuauflage einer ÖVP-FPÖ-Koalition, die in ihrer kurzen Regierungszeit schon einiges an antisemitischen und rassistischen „Einzelfällen" ausgehalten hat. Was auf den ersten Blick – schlimm genug - wie eine Wiederholung des Jahres 2000 aussieht, zu einer Zeit, in der sich kaum jemand mehr in der EU über regierende „Rechtspopulisten" wundert, ist in Wahrheit dramatischer. Die ÖVP unter Kanzler Sebastian Kurz fährt eine Politik gegenüber Geflüchteten, dass die FPÖ Mühe hat, sie rechts zu überholen. Auch antimuslimischer Rassismus ist der „neuen ÖVP" nicht fremd. Breiter Widerstand aus der Zivilbevölkerung? Fehlanzeige. Und auch eine weitere Koordinate hat sich im Vergleich zum Jahr 2000 verschoben. Damals trat die jüdische Gemeinschaft geschlossen gegen die rechte Koalition auf. Als der ÖVP-Politiker Sebastian Kurz im Jahr 2017 in den Wahlkampf zieht, um schließlich mit der Strache-FPÖ eine Regierung zu bilden, hat er eine kleine Anzahl prominenter jüdischer Unterstützer_innen um sich geschart. Von seiner islam- und geflüchtetenfeindlichen Politik versprechen sie sich offenbar besonderen Schutz für die Jüdischen Gemeinden. Nach dem Mordanschlag in Halle dankt ein jüdischer ÖVP-Abgeordneter Sebastian Kurz salbungsvoll auf Facebook dafür, dass der österreichische Rechtsstaat den Antisemitismus im Griff habe. Während die Verbindung zu Antisemitismus unter Muslim_innen und Geflüchteten sofort gezogen wird, wird über den von Kurz in der eigenen Regierung tolerierten Antisemitismus von rechts – kurz nach dem Mordanschlag in Halle – kein Wort verloren. Was vollkommen irrelevant zu sein scheint, ist, dass Sebastian Kurz, wenn es hart auf hart kommt, selbst gerne mal in die antisemitische Code-Kiste greift.[8] Leider scheint Sebastian Kurz mit seiner Politik gegen Geflüchtete und seiner Inszenierung als Garant für sicheres jüdischen Leben in Österreich auch in Deutschland auf Resonanz zu stoßen.

---

6 Marina Chernivsky, Antisemitismus als biografische Erfahrungskategorie, in: Trauma – Zeitschrift für Psychotraumatologie und ihre Anwendungen, Jg. 18, 01/2020, S. 18 ff.

7 Paula-Irene Villa Braslavsky, "Unvorstellbar? Dann schaut doch auf die Realität!"
https://www.republik.ch/2019/10/22/unvorstellbar-dann-schaut-doch-auf-die-realitaet?fbclid=IwAR3MF1LB3XjPXRnLZ5AUCTHELGm BG0vOFwENAOGkHFPR2lYwjRvc93w5Zo (20.04.2020)

Sogar die „Jüdische Allgemeine" ist meiner Meinung nach mit dem „Kurzismus" infiziert und bietet ihm ausgerechnet anlässlich Yom HaShoah[9] im Mai 2019 in einem Interview ein Forum. Lang und breit darf er sich als Freund Israels und Speerspitze gegen den „importierten Antisemitismus" präsentieren. Nach „Halle" wird das Interview sogar noch einmal beworben und ist nun sogar auf Englisch verfügbar. Ein von unerwarteter Seite kommender Schlag ins Gesicht der allermeisten Juden_Jüdinnen in Österreich.

„Das gibt's nicht, dass das hier möglich is", bricht es aus mir im Telefonat mit meiner Mutter heraus und es wundert mich, dass ich mich noch immer wundere. Der FDP-Politiker Kemmerich hat sich mit den Stimmen seiner Partei, der CDU, und der AfD zum thüringischen Ministerpräsidenten wählen lassen. Tabulose Machtpolitik, gepaart mit mächtigen antilinken Reflexen? Willkommen in Deutschland.

Zwei Wochen später verübt ein Rassist ein Massaker und ermordet am 19. Februar 2020 zehn Menschen und verletzt weitere fünf schwer. Über den Täter hören wir, er hätte zu viel Zeit im Internet verbracht und dort allerlei wirre Thesen aufgeschnappt.

Diese Zeilen entstehen zwei Monate später, im Corona-Lockdown. #staythefuckathome schreien dicke schwarze Buchstaben auf Pappe aus einem Schaufenster eines geschlossenen Ladens den Passant_innen entgegen. An dem nahe gelegenen Stromkasten hängt ein Blatt, auf dem ein Foto zu sehen ist. Es zeigt Gökhan Gültekin, eines der Opfer des rassistischen Anschlags. Jemand wollte seiner erinnern. Kurze Zeit später ist das Foto nur mehr zur Hälfte zu sehen, das Blatt wurde offensichtlich zerrissen.

Vulnerable Gruppen schützen, sich solidarisieren, achtsam sein, lauten die Gebote der Corona-Stunde. D'accord. Über „Hanau" dagegen hören wir schon eine ganze Weile nichts mehr. Letzte Woche wurde die Scheibe des Kiosks, eines der Anschlagsziele, mit einem Pflasterstein eingeschlagen, während den Angehörigen der Opfer durch das Kontaktverbot die Möglichkeit des gemeinsamen Trauerns genommen wurde.[10]

Innerhalb kürzester Zeit hat das Virus dazu geführt, dass sich ein riesiger Teil der Gesellschaft solidarisch arrangiert. Die Politik ergreift tiefschürfende, radikale Maßnahmen. Jedes Fehlverhalten wird sanktioniert. Ich mache die Augen zu und stelle mir vor, die Welt würde im Widerstand gegen menschengemachte Gewalt wie Antisemitismus und Rassismus nur einmal, ein einziges Mal, auch nur annähernd so in Wallung geraten.

---

8 https://kontrast.at/tal-silberstein-antisemitismus-ibiza/ (20.04.2020)

9 Yom HaShoah, ein Tag, der jedes Jahr in Israel als Nationalfeiertag und Tag der Erinnerung benannt wird.

10 https://www.op-online.de/region/hanau/hanau-anschlag-news-unbekannte-werfen-scheibe-an-gedenkort-ein-zr-13553420.html (21.04.2020)

**Romina Wiegemann** wurde 1984 in Wien geboren und stammt mütterlicherseits aus einer rumänisch-jüdischen Familie. Ihre Mutter und deren Eltern kamen über Israel Anfang der 1960ziger Jahre nach Wien. Romina Wiegemann besuchte in ihrer Jugend den Haschomer Hatzair. Diese Zeit und die dort entstandenen Freundschaften prägen und begleiten sie bis heute. Sie studierte u. a. Politik und Holocaust Studies in Israel und Berlin. Romina Wiegemann arbeitet seit einigen Jahren als Bildungsreferentin, Trainerin und Beraterin im Kompetenzzentrum für Prävention und Empowerment (Zentralwohlfahrtsstelle der Juden in Deutschland) und bei OFEK. Ihre Arbeitsschwerpunkte bilden antisemitismuskritische Bildung und Beratung. Privat beschäftigt sie sich u.a. auch immer wieder mit ihrer rumänisch-jüdischen Familiengeschichte.

Das Foto zeigt die Armbanduhr des Großvaters Ionel Cherbis z'll und den Schal der Großmutter Silona Cherbis. Die Großmutter hat ihn jahrzehntelang getragen und dann Romina geschenkt. Der winzige Siddur (Gebetbuch) erinnert an einen Brauch von Rominas Mutter Rolanda. Sie setzte den Siddur unter die Bettmatratzen ihrer beiden Kinder, solange diese klein waren. Er sollte sie beschützen. Derzeit befindet er sich unter der Matratze von Rominas Sohn Ioni.

Foto, 2020. Sharon Adler.

# Claudia Münz

## Mutig sein, stark bleiben

Eine starke Erinnerung an meine Oma ist, wie sie Regenschirm schwingend auf zwei Män-ner losgeht und sie mit lauter Stimme auffordert, „ihre" Vietnamesen in Ruhe zu lassen. Ich war schwer beeindruckt, und habe vermutlich aus dieser Erfahrung für spätere Situatio-nen eine Vorlage gehabt: Sich nichts gefallen lassen. Kampfbereit sein, sich einmischen, mit oder ohne Schirm. Die Vietnamesen vertickten Zigaretten. Natürlich verboten. Und die beiden Männer waren von der Volkspolizei. Das war in Berlin-Ost am S-Bahnhof Prenz-lauer Berg, um die Ecke von ihrer Wohnung, die sie mit meinem Opa und dem jüngsten Sohn, meinem Onkel, bewohnte. 3 Zimmer, Küche, Bad. Fensterputzer und Putzmann hielten alles in Ordnung. Oma hatte Wichtigeres zu tun. Zu ADN-Zeiten die europäische Presse auswerten, Vorträge halten, demonstrieren, und, wenn etwas aus ihrer Sicht falsch lief, wahlweise die Polizei oder die Kaderleitung anrufen und Dampf machen. Und wer sie kannte oder das Pech hatte, sich ihren Unmut zuzuziehen, kann bezeugen, dass sie darin sehr effizient war. Bis ich erwachsen genug war, selbst zu reisen, habe ich nicht viel von ihr mitbekommen. Wir hauten ab, die Mauer wurde gebaut und die Art der Konversation zwi-schen ihr und meinem Vater bestand darin, sich anzuschreien. „Die Mauer wurde 14 Tage zu spät gebaut", sagte sie, denn sie hätte meine Eltern lieber im Gefängnis als im Westen gesehen. Aber am 29. Juli, dem Tag unserer Flucht, konnte man eben noch irgendwie raus. Als wir weggingen, war ich ein kleines Mädchen. Wir wurden ausgeflogen, weil die Gefahr drohte, dass die Stasi uns aus Zehlendorf entführen würde. Aber ich erinnere mich nicht an den Flug, nur an das Lager und die Stationen danach. Und dann haben wir Oma und Opa lange nicht mehr gesehen.

Meine Mutter traf die Flucht unvorbereitet. Mein Vater stellte sie am Vorabend vor vollen-dete Tatsachen. Schwanger mit meiner zweiten Schwester hat sie wohl keinen anderen Weg gesehen, als dem Mann zu folgen. Eine gute Arbeit und ein geregeltes Einkommen, persönliche Anerkennung und Freiheit blieben zurück. Der Preis war hoch, da sie ihre Selbständigkeit verlor. Der Weg schien wohl alternativlos, und wie mein Vater später sag-te: „Wenn ich es ihr gesagt hätte, sie wäre nie gegangen". Für ihn aber war klar, kein Leben in einer weiteren Diktatur.

Wir lebten im Rheinland. Die Nachbarn hatten Kinder. Und die Kinder hatten Cousinen und Cousins, Onkel und Tanten, die am Wochenende zu Besuch kamen. Mein Vater mein-te, dass Verwandte die unangenehmen Bekannten seien, die man sich nicht ausgesucht habe. Mit anderen Worten, „brauchen wir nicht, lass mal stecken". Außerdem, und viel-leicht deswegen, hatte er das erklärte Ziel, einen eigenen „Stamm" zu gründen. Meine Mutter sah das anders und hatte zum Glück eine Freundin bei Schering.

Wir waren ja schon vier Kinder. Leider nur Mädchen. Gesagt hat es keiner, aber als – Jahre später - in der dritten Ehe meines Vaters ein Sohn geboren wurde und Oma sich plötzlich an Geburtstage erinnerte, da wusste ich, nur Jungs zählen.

Mein Vater ist in Moskau geboren. Seine Eltern hatten sich in Paris kennen gelernt und sind nach Moskau gegangen, um der kommunistischen Idee zu dienen. Leider wurde sein Vater gleich verhaftet. Er lernte seinen Sohn, meinen Vater, kennen, als dieser bereits 16 Jahre alt war. Und als Kind viele Jahre im Waisenhaus und Gulag gelebt und überlebt hatte. Als ich darüber mit meiner Oma sprach, sagte sie nur, „wo gehobelt wird, fallen Späne. Was willst Du denn? Die anderen sind doch tot". „Die anderen" sind die von den Nazis umgebrachten jüdischen Menschen. In ihrer Familie ist aber niemand umgebracht worden. Die sind rechtzeitig vor 1936 alle in die USA und nach England emigriert, und diese Möglichkeit hätte sie auch gehabt.

Was ihre Entscheidung gegen die Emigration für meinen Vater und uns als Familie bedeutete, würde ein ganzes Buch füllen. Die Bedeutung dieser Entscheidung für unser Jüdisch-Sein jedoch ist eklatant: Wir Kinder wuchsen ohne familiäre Einbindung, ohne Familiengeschichte, ohne Geschichte überhaupt und ohne religiöse Orientierung durch unsere Eltern auf. Wir lebten zu sechst und kamen aus dem Nichts. Später, als ich eine meiner liebsten Freundinnen kennenlernte, war ich sehr froh darüber. Sie ist in Israel geboren. Ihre Eltern gingen zurück nach Deutschland als sie 14 Jahre alt war. Und das war schrecklich für sie. Ins Land der Täter. Wenn sie durch die Straßen lief, schaute sie die alten Menschen an und fragte sich: war der es, oder, was hat sie getan? Schrecklich, ich fühlte so mit ihr. Dieser Stachel saß nicht in mir, denn meine Eltern hatten nie darüber gesprochen, vielleicht nichts zu berichten. Die Verwandten meiner Mutter waren alle tot, schon als sie ein kleines Mädchen war, und mein Vater kannte seine Verwandten nicht, da er in Russland geboren wurde und aufwuchs, und alle, außer seinen Eltern nach England und Amerika gingen. Dass wir Juden waren, kam raus, als mein Opa starb, in Ost-Berlin. Er wurde auf dem Friedhof in Weißensee beigesetzt. Papa sagte, nun ja, hängt das mal nicht an die große Glocke. Ich besuchte damals eine katholische Klosterschule, die für ihren guten Unterricht bekannt war, was er für wichtig hielt. Und meine Mutter, ich denke, dass sie es war, hatte uns nach der Flucht in den Westen kollektiv protestantisch taufen lassen. Gerade frage ich mich, wie ich 1968 in der Klosterschule aufgenommen wurde?

Meine Eltern, beide Journalisten, hatten einen großen Bekanntenkreis. Wir beherbergten Emigranten. Gäste waren immer willkommen. Da wurde die Suppe gestreckt oder mein Vater briet einen großen Topf Weißkohl mit Kümmel.
Ich erinnere mich auch an eine Kinderrettungsaktion. Der Sohn eines polnischen Freundes wurde bei „Nacht und Nebel" aus Rijeka geholt. Zur Tarnung mit im Auto, ich, und eine meiner Schwestern, drei Kinder schlafend. Dass unsere Mutter das erlaubt hatte!

Meine Oma war streitbar, so war es mein Vater. „Nicht die Kompanie hält Schritt, ich halte Schritt" war eines seiner Leitmotive, welches ihn – aus seiner Sicht ganz klar – dafür prädestinierte, sich einzusetzen, wo immer er es für nötig befand. Im Zweifelsfall war er bei der Behebung eines Problems Richter und Henker in einem. Religion spielte bei uns nie eine Rolle. Mein Vater, der den Ton angab, sagte, er müsse nicht christlich sein, um christlich zu handeln. Auch so ein Leitgedanke von ihm. Ohne dass es bedeutsam gewesen wäre, und es fiel mir auch erst später auf, waren doch die meisten unserer Freunde jüdischer und israelischer Herkunft. Und einer, ein besonders gemochter, war, so sagte man, beim Mossad. Als er tot, ermordet, aufgefunden wurde, bereitete es mir lange schlechte Träume. Genauso wie die Weiße Rose oder ein Film über die Konzentrationslager, den ich mit zehn, elf Jahren sah. Trost fand ich bei Leon Uris' Exodus, Ari Ben Kanaan war auch mein Held, und wenn ich groß wäre, so malte ich mir aus, würde ich sofort der Haganah beitreten. Mit etwa 15 ging ich in die Roonstraße (Sitz der Jüdischen Gemeinde Köln), zum Leute treffen, Tischtennis spielen usw. Das alles war unkompliziert und ohne religiöse Verbindlichkeiten möglich, und alles passierte, bevor ich wusste, dass wir jüdisch sind.

In unserer Familie wurde nie über die Vergangenheit gesprochen. Aus unterschiedlichen Gründen. Meine beiden Eltern setzten immer auf die Zukunft und die – aus ihrer Sicht – hilfreiche Verdrängung. Schweigen und Verschweigen war ihre Überlebensstrategie. Rückblickend denke ich, dass mir, uns, nie etwas verboten wurde, wir wurden aber auch nicht zu irgendetwas, irgendeiner Orientierung ermuntert. Wir wuchsen frei, in einer intellektuell anregenden Umgebung auf. Allerdings hatten die Erwachsenen auch keine Zeit für uns, waren voll und ganz mit sich und dem „Überleben" beschäftigt. Mein Vater wurde dann von einer anderen Frau (mit drei kleinen Kindern) eingefangen, zog aus, und spätestens da war ich als ältestes Kind für die Gestaltung und Aufrechterhaltung des „Betriebs", Mutter ging ja arbeiten, zuständig. Jahre später fand meine Mutter Familie und Freunde in Israel wieder, und reiste gern und wenn immer möglich dorthin. Ich hatte meine Schwierigkeiten mit der israelischen Politik, fühlte mich aber gleichzeitig verpflichtet, diese zu verteidigen. Mit anderen Worten, ich reise nicht gerne nach Israel, hatte aber gleichzeitig das Bedürfnis, Israel und seinem Schicksal nahe zu sein. Mittlerweile arbeitete und wohnte ich in Köln und dort suchte und fand ich Menschen, jüdische Menschen, mit denen ich frei über die Politik, Intifada usw., sprechen konnte. Daraus entwickelte sich dann mehr und anderes. Die kleine private Schabbat-Gruppe, alles gute Freunde und Freundinnen, trafen sich freitags reihum, das war der Anfang. Mehr Menschen wollten dabei sein, und so entstand eine offene jüdische Gruppe, in der sich auch Israelis wohl fühlten, die nicht religiös waren, aber trotzdem zum Beispiel einen Seder mit anderen feiern wollten. Als die Scud-Raketen auf Tel Aviv flogen, gründeten wir das jüdische Forum Köln e.V.
Der Teilnehmerkreis erweiterte sich, und es stellte sich schnell heraus, dass jüdische Menschen der 2. und 3. Generation hier einen Platz fanden, an dem sie sich über ihre Familiengeschichten austauschen konnten. Die Israelis unter uns waren sofort verschwunden. Dieses Anliegen, so mein Eindruck, hatten sie nicht und wollten sie auch nicht haben.

Nach wie vor fanden Schabbat-Treffen statt, jetzt in so großem Kreise, dass wir Räume anmieteten. Ein Siddur wurde entwickelt. Wir fanden eine restaurierte Synagoge für die Hohen Feiertage und es kamen immer mehr Menschen zu uns. Auch Konvertiten und jüdische Menschen, die, weil nur von väterlicher Herkunft jüdisch, von der orthodoxen Gemeinde abgelehnt wurden. Langer Rede, kurzer Sinn, wir gründeten eine Gemeinde. Das war die Zeit, in der ich mich so frei fühlte, dass ich eine Kippa trug, und mir „Normalität" wünschenswert und möglich erschien. Keine Polizeipräsenz, keine Schleusen, eine offene jüdische Gemeinschaft, die andere nicht abstieß, sondern einlud. Das war in den 90er Jahren in Köln.

2000, der Regierungsumzug. Mein Mann ist politischer Journalist, wir zogen von Köln nach Berlin. Shocking! Menschenklimamäßig sofort, und später auch von meinem Sicherheitsgefühl her. Die ersten Jahre habe ich meine Freunde, meine Gemeinde in Köln regelmäßig besucht. Dann hatte ich die Kraft für diese zusätzlichen Reisen nicht mehr und war auch ganz froh, denn die Arbeit für die Gemeinde, neben einer Berufstätigkeit, war sehr anstrengend. Wenn Sukkot vorbei war, war ich erschöpft. Obwohl jetzt meine richtige Arbeit erst begann, das Semester als Professorin, wo ich hundertprozentig alles geben musste und wollte. Viel Arbeit, diese Organisation der jüdischen Begegnungen, und dann auch noch (entspannt) feiern. Oft, immer wieder, kam mir in den Sinn, um das alles zu schaffen, muss man „Vollzeitjüdin" sein. Lag mir fern, und so war ich froh, in Berlin davon frei zu sein. Aber jenseits davon büßte ich hier Kraft und meine Streitbarkeit ein. Eine Kippa würde ich hier nicht tragen. Mein Mann machte mich darauf aufmerksam, dass ich die Menora, die auf der Steinfensterbank in meiner Waschküche steht, wegräume, wenn Handwerker kommen. Und ich sage, muss ja nicht jeder wissen, dass wir Juden sind. Jetzt, wo ich das schreibe, vorher Wochen darüber nachdachte, vor und nach Halle, ob und was es mit mir machte, fällt mir der Auftritt eines Überlebenden auf der diesjährigen Gedenkfeier in Auschwitz ein. Er sagte sinngemäß, die Veränderungen kamen in kleinen Schritten. Und man könne sich arrangieren: „Nu, wenn Du nicht mehr auf der Bank sitzen darfst, es gibt doch noch genug andere Bänke. Setzt Du Dich dahin." Das war nur ein Beispiel. Finde ich mich schrittweise damit ab, verdrängt zu werden, wenn ich mich damit arrangiere, nicht erkannt zu werden?

Halle, 9. Oktober 2019. Wir reisen mit der Bahn von Lodz nach Berlin. Ohnehin angeschlagen, denn was man hier und in der Umgebung nachfühlen kann, wissen die meisten Juden. Ich bin sofort im rationalen Krisenmodus. Keine Polizei. An Jom Kippur. Wo gibt's denn sowas!! Keiner von unseren Leuten tot. Gut gegangen.

Alles Sachebene. Hab ich Angst? Nein. Ist jemand schuld? Ja, die AfD. Und weiter?
Ich bin kalt wie ein Fisch. Sind das die Gene oder die Sozialisation? „Was willst Du denn, die andern sind tot?" Das war die Erklärung meiner Oma, warum sie ihren Sohn (meinen Va-

ter) nach Russland verschleppte, ihm Waisenhaus, Hunger, Angst, Einsamkeit, Vergewaltigung und Gulag zumutete. Ich bringe Dinge zusammen, die nicht zusammen passen. Oder doch, wieso bin ich kalt, wie sie kalt war und blieb. Verdrängung? – Mindestens zwei Generationen. – Dass ich darüber sprechen kann, verdanke ich meinen guten Freunden und vor allem meinem Mann. Schon lange. Gott sei Dank.

Halle. Den Betenden ist nichts passiert. Zwei andere Menschen mussten sterben. Gefahr und Tote bleiben abstrakt, und ganz im Sinne von Oma und Papa besinne ich mich: Mutig sein, stark bleiben. Das Leben ist lebensgefährlich. Ja! Trotzdem: Nicht klein und unsichtbar machen, um unserer selbst willen!


**Claudia Münz**, geboren 1956 in Dresden, wuchs mit ihren drei Schwestern im Rheinland auf. Sie studierte Volks- und Betriebswirtschaft an den Universitäten Bonn und Köln und arbeitete viele Jahre in der Bank- und Versicherungswirtschaft in Köln. Anfang der neunziger Jahre kündigte sie und studierte Organisationspsychologie in Dortmund, Köln und Boston. Nach Abschluss und Promotion in Arbeitspsychologie wurde sie zur Professorin in Kaiserslautern berufen. In der Arbeit mit den Studierenden war es ihr ein besonderes Anliegen, das Einnehmen einer Haltung sowie selbständiges Denken zu fördern. Seit 2019 ist Claudia Münz im Ruhestand.

Leuchter mit Kaddisch. Keiner mehr da. Die große Leere.
Erinnerung an meinen Onkel Kostja Münz (sel. A.).

Foto, 2020. Sharon Adler.

# Rachel, Nelly und Julia Alfandari

## Unser jüdisches Leben und Zukunft in Deutschland:
## Eine Mutter und ihre Töchter im Dialog

**Nelly:** Mama, Deine Zwillingsschwester und unsere Tante, Nea Weissberg, hat ein Buchprojekt zum Thema „Halle ist überall - Stimmen jüdischer Frauen" gestartet. Zunächst hat sie Dich als ihre Schwester gefragt, ob Du einen Beitrag schreiben möchtest. Dann hatte sie Dir, Julia, davon erzählt. Daraus entstand die Idee, einen generationsübergreifenden Dialog unter uns drei Alfandari-Frauen zu führen. Während wir, Julia und ich, Anfang der 1980er Jahre in München geboren sind, bist Du 1951 in West-Berlin geboren. Du gehörst als Kind von Shoah-Überlebenden zur „Zweiten Generation"[1] nach der Shoah, Julia und ich zur „Dritten Generation" nach der Shoah; durch unseren sephardischen Vater gehören Julia und ich außerdem zur „Zweiten Generation" mit deutsch-türkischem „Migrationshintergrund"[2]. Weil ich seit gut 20 Jahren nicht mehr in Deutschland lebe, habe ich eine andere, distanzierte Sichtweise auf Deutschland als ihr Beide. Lasst uns also darüber sprechen, welche Bedeutung der antisemitische und rechtsextreme Terroranschlag von Halle für euch und euer Leben in Deutschland hatte, was es in euch ausgelöst und sich seither für euch verändert hat.

## DER ANSCHLAG VON HALLE

**Rachel:** Halle war ein Alarmsignal für Deutschland, aber solch ein Attentat war zu erwarten. Radikalisierte Vorlagen gibt es leider genug, die hasserfüllte, menschenverachtende Nachahmungstäter dazu verleiten, solch eine Tat nicht nur auszuführen, sondern sie auch medial zu verbreiten.

Antisemitisches Gedankengut ist nichts Neues, im rechtsextremen Weltbild trifft es zusätzlich noch auf rassistische, homophobe und auch antifeministische Überzeugungen. Ich erinnere an einige Anschläge aus jüngster Zeit, die NSU-Morde, den Mord an Walter Lübcke, an Chemnitz oder Hanau.

**Julia:** So wie viele von uns war ich an Yom Kippur in der Synagoge und habe die Nachrichten erst zur Pause mitbekommen. Klar, ich war erschüttert und dieses unterschwellige, aber konstante Unbehagen, welches ich seit meiner Kindheit in mir trage, trat in den Vordergrund. Eines war ich jedoch nicht, keine Sekunde lang war ich überrascht. Für mich war Halle weder ein Sonder- noch ein Einzelfall, ebenso wenig wie Hanau es war, ebenso wenig wie es die NSU-Morde oder der Mord an Burak Bektaş im Jahr 2012, die schrecklichen Pogrome von Rostock-Lichtenhagen, Mölln, Solingen oder die unzähligen Anschläge auf Asylunterkünfte oder Moscheen waren. Halle reiht sich in eine lange Liste von rassistisch, antisemitisch und politisch motivierten Anschlägen und Vorfällen in diesem Land ein, die sich stetig verlängert.

Wir haben es mit einem strukturellen Problem zu tun, das nicht wie ein Randphänomen behandelt werden darf. Diese Anschläge, aber auch der zunehmende Einfluss der AfD und ihrer Gleichgesinnten in politischen Entscheidungs- sowie Sicherheitsstrukturen machen mich zornig und versetzen mich gleichzeitig in eine panische Zukunfts-Angst. Ich bin wütend, denn es gibt mitnichten eine erfolgreiche Entnazifizierung, vielmehr haben wir es ganz offensichtlich mit Kontinuitäten einer nationalsozialistischen Ideologie in einigen politischen, sozialen und kulturellen Institutionen der Bundesrepublik Deutschland zu tun.

**Rachel:** Ich gehe konform mit Deiner Behauptung, dass die Entnazifizierung nicht nachhaltig genug war, obwohl erwähnt werden muss, dass (West)-Deutschland sich auf politischer Ebene ernsthaft mit der eigenen unrühmlichen Geschichte auseinandergesetzt und sich zu der Schuld bekannt hat. Einen Tag nach dem furchtbaren Attentat in Halle, am 10. Oktober 2019, gab es bereits mittags eine erste Reaktion bei uns in München. Etwa 200 Schüler und Schülerinnen bildeten spontan mit ihren Lehrern eine Menschenkette um die Jüdische Gemeinde in München. Die Schüler und Schülerinnen wollten ein Zeichen für die Menschlichkeit setzen. Dass so junge Menschen sich öffentlich gegen Antisemitismus ausdrücken wollten, war für mich ein Novum. Einen Tag später kam dann ein Aufruf zu einer Solidaritätskundgebung, die ebenfalls bei der Jüdischen Gemeinde am Jakobsplatz stattfand. Wir nahmen selbstverständlich daran teil. Besonders beeindruckt hat mich, dass mehrheitlich deutsche Bürger und Bürgerinnen ihre Anteilnahme gezeigt haben und Kerzen vor die Synagoge stellten. Das hat mir doch ein gutes Gefühl gegeben. Vier Monate später erschütterte uns alle der Mordanschlag in Hanau. Auch hier wurde zu einer Mahnwache und Schweigeminute aufgerufen. Euer Vater und ich waren über dieses Attentat entsetzt und wollten unbedingt auch an dieser Kundgebung teilnehmen. Dieses Mal wurde u.a. der Odeonsplatz als Ort der Mahnwache ausgesucht. Auch hier kamen überwiegend junge Menschen zusammen, um ihrer Solidarität Ausdruck zu verleihen. Sie wirkten persönlich sehr betroffen. Vor dem Platz der Feldherrenhalle wurde ein großer Kreis aus Teelichtern und in der Mitte das Wort Hanau geformt. Es gab sehr viele emotionale und persönliche Reden, die uns alle zutiefst berührt haben. Mir schien es, als ob hier eine neue Generation von jungen Menschen ein ganz klares politisches Signal gegen diesen rassistischen Terroranschlag gezeigt hat.

**Julia:** Stimmt, ich empfinde es ähnlich, es gibt ein stärkeres Bewusstsein dafür, dass Rassismus wieder zu einer Lebensrealität wurde. Ich stimme Dir auch zu, dass es verschiedene und teilweise auch sehr tolle Initiativen gegen Rechts gibt, nur fühlt sich ein Großteil der Gesellschaft weiterhin unberührt und bleibt außer „Zeitung Lesen" leider inaktiv. Ein wichtiger Anfang wäre zum Beispiel, am eigenen Familientisch den Mut zu fassen, sich gegen rassistische, antisemitische oder diskriminierende Bemerkungen auszusprechen. Deinen Punkt bezüglich der Mahnwachen finde ich an dieser Stelle auch interessant.

Wie Du sagtest, zu den Demos nach den Anschlägen auf Halle waren viele deutsch-Deutsche vertreten, während zu den Mahnwachen wegen Hanau, wo neun relativ junge Menschen ermordet wurden, wesentlich weniger Menschen aus deiner Generation und der Mitte der Gesellschaft auf die Straßen gingen. Aus meiner Position als deutsche Jüdin empfinde ich es als eine fatale Scheinheiligkeit, dass in unserer Gesellschaft der Gegenwärtigkeit von strukturellem Rassismus immer noch nicht mit ebenbürtiger Wertigkeit und Dringlichkeit gekontert wird.

**Nelly:** Ich höre hier heraus, dass für euch klar ist, dass die schrecklichen Gewalttaten sowohl in Halle als auch in Hanau Teil des gleichen Phänomens sind. Keine von euch nennt eines der beiden Geschehnisse, ohne die lange Reihe von rassistischen und antisemitischen Attacken in Deutschland zu erwähnen. Was ich aber auch höre, ist, dass diese beiden aktuellen Anschläge eine breitere Masse dazu zu bewegen scheinen, hinzuschauen, die Hintergründe zu analysieren und die Taten beim Namen zu nennen. Es scheint, dass es nun eine Chance, einen Moment geben könnte, die Antidiskriminierungsbewegungen der verschiedenen marginalisierten Gruppen zu vereinen.

**Rachel:** Nelly, da stimme ich Dir zu. Es entstehen mehr und mehr Initiativen für Toleranz- und Menschenrechte. Diese beschäftigen sich alle mit Rassismus, Fremdenfeindlichkeit und Demokratie und sie positionieren sich unisono gegen Rechtes Gedankengut. Etliche Projekte dazu werden von Politikern sowohl begrüßt als auch gefördert. Andererseits ist es leider in Deutschland schon länger „normal", dass Rechtsextreme Menschen töten. Antisemitismus ist dabei nicht die einzige morbide Motivation. Für mich hat sich die Debattenkultur Deutschlands eklatant nach der Veröffentlichung von Thilo Sarrazins Buch - Deutschland schafft sich ab - am 30. August 2010 und seiner Aussage - Das wird man wohl noch sagen dürfen! - verändert. Seine Veröffentlichung und seine Äußerung haben die prall mit „Rechtem Gedankengut" gefüllte Pandora-Büchse, die scheinbar nach 1945 verschlossen wurde, wieder geöffnet. Zunächst richteten sich die Meinungsäußerungen gegen "die Ausländer", aber schnell wurden Begriffe wie Fremdenfeindlichkeit und Antisemitismus wieder en Vogue. Ein Gefühl von "Befreiung" hielt Einzug, denn Thilo Sarrazin ist ja kein Mann vom rechten Rand, sondern ein etablierter SPD-Politiker. Das macht die Sache weniger verdächtig, denn er kommt aus der Mitte der Gesellschaft.

**Julia:** Die Motive des Attentäters von Halle, des Attentäters von Hanau, aber auch die Motive des Mobs in Chemnitz im Sommer 2018 waren sowohl rassistischer als auch antisemitischer Natur. Diese Vorfälle haben nochmals klar verdeutlicht, dass der Kampf gegen Antisemitismus nicht separat vom Kampf gegen Rassismus gedacht und adressiert werden darf! Entweder werden die beiden Erscheinungsformen von rechten oder völkischen Strömungen gegeneinander ausgespielt, hierbei wird insbesondere Antisemitismus oftmals als Rechtfertigung für anti-muslimisches und/oder anti-Schwarzes Gedankengut oder Handeln instrumentalisiert, oder wir sind alle gemeinsam Gegenstand ihres rassistisch motivierten Hasses. Besonders berührte mich daher bei Halle, wie viel Solidarität und Mitgefühl ich von nicht-jüdischen Freund*innen erfuhr. Von Menschen, die oftmals selbst „Hybride[3] Identitäten"iii tragen und täglich mit anderen Formen von Rassismus und Diskriminierung zu kämpfen haben. Hanau hat in meiner Wahrnehmung diese Solidarität und die Dringlichkeit, gemeinsam zu handeln und zu unterstützen, weiter verstärkt.

**Nelly:** Seht ihr mit den Anschlägen in Halle oder mit den Anschlägen in Halle und in Hanau einen Wendepunkt für die Sicherheit des jüdischen Lebens in Deutschland allgemein? Ich war zufällig am Tag danach in Berlin, unter anderem im Jüdischen Museum in Berlin auf einer großen Veranstaltung, und war geschockt von den Sicherheitsvorkehrungen und der Anzahl von Polizei vor jüdischen Einrichtungen. Natürlich macht es Sinn, aber mir ist aufgefallen, dass ich solche Sicherheitsvorkehrungen schon lange nicht mehr so erlebt habe.

**Rachel:** Fakt ist, dass die Sicherheit jüdischer Einrichtungen in Deutschland durch offiziellen Polizeischutz gewährleistet ist. Nach Halle soll dieser Schutz auch in kleinen Gemeinden nachgebessert werden. In großen Städten haben die Gemeinden auch einen privaten, von ehemaligen israelischen Soldaten organisierten Sicherheitsdienst. Euch sind Sicherheitsmaßnahmen nur zu gut bekannt. Ihr seid damit aufgewachsen. Ihr wart im jüdischen Kindergarten und in der jüdischen Grundschule, die beide von israelischen Sicherheitskräften bewacht werden. Leider ist der Schutz von einzelnen Personen nach Verlassen geschützter Räume kaum möglich. Die meisten körperlichen und verbalen Attacken finden auf der Straße statt. Da ich nicht ad hoc als Jüdin erkennbar bin, habe ich eigentlich keine Angst. Ich denke da an Menschen, die sofort als Andere erkennbar sind. Für sie ist der öffentliche Raum täglich eine große Gefahr.

**Julia:** Politische Entscheidungsträger*innen in Deutschland sagten über Halle, es sei eine Zäsur. Das ist meines Erachtens völliger Unsinn und verkennt das wahre Problem. Wie Du, Mama, auch schon aufgeführt hast, allein in den letzten Jahren häufen sich die sogenannten Zäsuren. Rechtspopulismus erstarkt und sowohl Rassismus als auch Antisemitismus treten in unserer Gesellschaft, in unserem Alltag, in unserem Sicherheitsapparat und politischen System immer offener zutage. Die Sicherheitsvorkehrungen vor religiösen oder kulturellen Einrichtungen von Minderheiten zu verschärfen, wird dieses gesellschaftliche und strukturelle Problem auch nicht lösen. Es ist eine Maßnahme, leider auch eine wichtige, aber allein Sicherheitsvorkehrungen werden keinen Wandel im Denken und Handeln von (rechts-)extremen Meschuggenen, Verschwörungstheoretiker*innen oder Terrorist*innen erwirken. Abgesehen davon finden diese Menschen und Gruppen ja ganz offensichtlich ihre Wege.

---

3 Hybride Identität bedeutet, dass ein Mensch sich zwei oder mehreren kulturellen Räumen gleichermaßen zugehörig fühlt, z.B. eine deutsch-muslimische Schwarze Frau. Siehe: Foroutan, Naika/ Schäfer, Isabel (2009): Hybride Identitäten – muslimische Migrantinnen und Migranten in Deutschland und Europa. In: Aus Politik und Zeitgeschichte (5/2009), S. 11-18.

## „LEI[D]-KULTUR"

**Nelly:** Da gebe ich Dir völlig Recht, Julia, denn wie ich das aus der Ferne mitbekomme, zeigt der Zulauf zu Gruppen wie Pegida oder Parteien wie der AfD, wie weit rechtspopulistisches Gedankengut etabliert ist, und das macht mir Angst. Gleichzeitig habe ich gehört, dass ein paar Juden die ultrakonservativen Werte der AfD unterstützen. Da fehlen mir die Worte! Wie können Juden in Deutschland eine Partei befürworten, die auf der Idee eines deutsch-deutschen Volkes aufgebaut ist, und klar gegen Minderheiten hetzt? Pegida plädiert für eine „Abendländische Leitkultur", bedient sich damit einer romantisierenden Sprachwahl, die eine kulturelle Überlegenheit des (weiß-christlichen) Westens andeutet und die unter anderem jüdische Kultur ausschließt. Zur gleichen Zeit wird davon gesprochen, dass jüdisches Leben ein Teil der deutschen Leitkultur sei. Wie blickt ihr auf diese These?

**Rachel:** Nelly, auch Juden sind Menschen mit unterschiedlichen politischen Meinungen. Es gibt auch unter uns Juden solche mit einer Affinität zum rechtsnationalen Gedankengut. Ich stelle fest, dass in dem Maße, in dem die Zuwanderung von Muslimen zugenommen hat, die Juden anders betrachtet und instrumentalisiert werden. Plötzlich wird an die christlich-jüdischen Wurzeln des Abendlandes erinnert. Einen Grund dafür sehe ich darin, Juden für eine Front gegen die Muslime gewinnen. Die seit der ersten Flüchtlingswelle 2015 neu entbrannte Debatte über die christlich-jüdischen Leitkultur nahm ich verärgert wahr. Hierin wird die jüdische Kultur als zentraler Eckpfeiler einer über Jahrhunderte entwickelten Symbiose mit den christlichen Werten für die deutsche Identität dargestellt. Eine starre Definition dessen, was Deutsch ist und was nicht, schafft nur unnötige Grenzen zwischen den Menschen. Gerade die Unterschiede der verschiedenen Kulturen könnten neue Perspektiven des Zusammenlebens eröffnen und existierende starre Gesellschaftsnormen aufweichen. Wenn schon Begriffe benutzt werden, so würde ich den Begriff Leitlinien vorziehen und durch folgende Werte definieren: Demokratie, Freiheit und Menschenrechte.

**Julia:** Wir leben in einer postkolonialen, postnationalistischen und postmigrantischen Gesellschaft, in der Repräsentationsverhältnisse, Ausgrenzungsstrukturen und gesellschaftliche Anerkennung in der Historie und ihren (Dis-)Kontinuitäten verankert sind. Die angeblich von jüdischen Wurzeln geprägte Leitkultur bedient meines Erachtens eine gewisse Projektionsfläche und Differenzmarkierung. Juden oder „das Judentum" werden zu einem homogenen Fantasiekonstrukt verkannt und funktionalisiert, um das Selbstbild einer ausgesöhnten und moralisch guten deutschen Gesellschaft zu definieren. In diesem deutschen Begehren werden Jüdinnen und Juden trotz reicher und differenzierter Vielfalt auf eine ewige Opferrolle (und zeitgleich scheinbarer Täter*innenerzählung) festgeschrieben.

Ein begehrenswerter Jude ist allerdings keiner, der sich gegen die deutsche Erzählung stellt, und sich schon gar nicht im Bündnis mit anderen diskriminierten Menschengruppen zusammenschließt, um die lange deutsche Geschichte von Antisemitismus und Rassismus der Gegenwart aufzuzeigen und anzuklagen.

## UNSER JÜDISCHES LEBEN IN DEUTSCHLAND

**Nelly:** Um diese Diskussion zu vertiefen, denke ich, es wäre wichtig unsere eigenen Erfahrungen sprechen zu lassen. Lasst uns etwas ausholen und zurück auf unsere eigenen Geschichten blicken. Mama, Du bist hier, in Berlin, kurz nach Ende des 2. Weltkriegs geboren. Deine Eltern sind Holocaust-Überlebende aus Polen. Wie blickst Du auf Dein Verhältnis und dein Zusammenleben als Jüdin vis-a-vis der deutsch-deutschen Mehrheitsgesellschaft? Wie hat es sich verändert bis in die Gegenwart?

**Rachel:** Meine Eltern kamen beide aus Polen und sind nach dem Holocaust 1946 in Berlin in einem Auffanglager für Displaced Persons[4] in Schlachtensee gelandet. Nach erfolglosen Visa-Anträgen für eine Einwanderung nach Amerika und nach der Geburt ihres ersten Kindes 1947, haben sie gemeinsam begonnen, sich in Berlin eine Existenz aufzubauen. 1951 wurden wir Zwillinge geboren. Ich bin qua Geburt Jüdin. Wir haben uns ausschließlich in einem jüdischen Umfeld bewegt und sind somit jüdisch geprägt und sozialisiert worden. Jüdisch war eines meiner ersten Identifikation-Tools. Die Tatsache, dass ich in West-Berlin geboren wurde, hat mir die Illusion gegeben, dass ich mich nie als Deutsche definieren musste. Ich war und bin eine Jüdin, die in Berlin geboren wurde. West-Berlin hatte bis zur Deutschen Einheit einen Sonderstatus. Ich wuchs mit einem nonverbalen Verbot auf, keine privaten Kontakte zu Deutschen aufzubauen. Das führte dazu, dass ich nie eine Bindung zu Deutschland entwickelt habe und als Konsequenz mich nie mit der deutschen Mehrheitsgesellschaft identifiziert habe. Als Folge habe ich mich politisch nicht auf Berlin oder Deutschland fokussiert. Mein politisches Engagement galt dem Zionismus. Laut Erzählungen unserer Mutter hatte uns der Direktor der deutschen Grundschule abgelehnt, weil wir Juden waren. Daraufhin wurden wir in der französischen Schule in Tegel angemeldet und aufgenommen. Nach der 6. Klasse wechselten wir ins Schiller-Gymnasium. Außer mir gab es noch ein jüdisches Mädchen in der Klasse. Hier machte ich persönlich zum ersten Mal eine antisemitische Erfahrung, in der 8. oder 9. Klasse. Ein Mitschüler gab eindeutige antisemitische und deutsch-nationale Parolen von sich. Wir meldeten diesen Vorfall dem Direktor und der Junge wurde von der Schule verwiesen. Nach dem Abitur bin ich nach Israel ausgewandert. In Israel wurde mir dann plötzlich bewusst, dass ich ebenfalls deutsch sozialisiert war. Diese Tatsache hat mich zunächst verwirrt, doch allmählich konnte ich mein Deutschsein akzeptieren und es wurde ein weiterer Baustein meiner Persönlichkeit. In meiner Erinnerung gab es während meiner Jugend in Berlin keine vergleichbaren antisemitischen Vorfälle, wie sie heute stattfinden.

Antisemitische Vorfälle wurden weder mit noch vor uns Kindern thematisiert. Die Angst meiner Eltern vor den Russen war definitiv spürbarer als die Angst vor Antisemitismus. Nach dem Studium in Israel fuhr ich zurück nach Berlin und landete dann später in München.

---

4 Die Alliierten richteten in Berlin drei „Displaced persons camps, (DP-Lager) in den westlichen Besatzungszonen ein – am Eichborndamm in Wittenau, in der Eisenacher Straße in Mariendorf-Tempelhof und an der Potsdamer Chaussee in Schlachtensee.

**Nelly**: Und dann kamen wir dazu! Julia, und was bedeutet es für Dich als jüdische Person der „Dritten Generation" hier in Deutschland geboren und aufgewachsen zu sein, und wie fühlst Du Dich jetzt, nach einer längeren Abwesenheit, wieder hier zu leben?

**Julia**: Das Wort „durchwachsen" trifft glaube ich mein Verhältnis mit Deutschland, mit Deutschen und meiner eigenen deutschen Identität ganz gut. Ähnlich wie Mama es beschrieben hat, lebten auch wir, in meiner Generation, in einer selbstgeschaffenen „jüdischen Blase" und hatten bis Ende der Grundschule kaum Kontakt mit nicht-jüdischen Menschen. Sowohl unsere Freund*innen als auch die von Papa und Dir waren alles Jüdinnen und Juden. Bis ich im Jahr 2000 nach England aufs Internat kam, führte ich auch nach der Grundschule mein soziales Leben hauptsächlich in jüdischen Kreisen und im Rahmen einer deutschlandweiten jüdischen Jugendbewegung weiter. In unserer Blase gab es eine Art Konsens, sich vor den „Deutschen" zu hüten und uns von ihnen fernzuhalten. Andererseits erinnere ich mich auch an die vielen boshaften Kommentare und rassistischen Witze innerhalb der jüdischen Blase, sowohl von Kindern als auch von deren Eltern gegen uns, weil unser Papa aus der Türkei stammt. Dass er auch Jude ist, spielte dabei irgendwie keine Rolle. Viele meiner Kindheitsfreund*innen in München hatten Großeltern, die Auschwitz und andere grauenhafte KZs überlebt haben. Auch wenn wir zu Hause nie explizit über die Shoah geredet haben, war dieser Geist des unausgesprochenen Schreckens präsent wie eine unterschwellige Konstante. Ich erinnere mich an die seltsam bedrückende, intensive Stimmung während der Besuche bei unseren Großeltern in Berlin; und auch an den gewöhnungsbedürftigen Geschmack von Borscht und einer ähnlich merkwürdig schmeckenden süßen Tomatensuppe mit Reis. Du und Papa habt versucht, unsere Kindheit so unbeschwert wie möglich zu gestalten und uns nicht mit dem Schrecken der Vergangenheit zu ängstigen. Besonders unsere vielen Besuche in der Türkei bei Papas Familienseite waren meist geprägt von einem zarten Gefühl der Leichtigkeit, ohne Vorbehalte und diesem seltsamen Druck. Wir konnten einfach sein. Ich hatte es damals nicht aufs Gymnasium geschafft. Meine neue Schule war eine komplett neue Welt für mich, in der ich zum ersten Mal die einzige jüdische Person war. Viele meiner Klassenkamerad*innen waren Deutsche. Ich machte kein Geheimnis daraus, jüdisch zu sein, denn so wie ich sozialisiert wurde, war das ja meine Identität. Dass ich auch halb türkisch bin, erzählte ich niemandem, denn in den 90ern war mensch lieber Jude als Türke in Deutschland. Ich wusste ja bereits, wie schmerzlich sich rassistische Erfahrungen wegen meiner türkischen Seite anfühlten. Meine dunklen braunen Augen, meine schwarzen Haare und unser sephardisch-arabischer Familienname passen für Deutsche ja in beide Kategorien.

Neben einigen schönen Freundschaften lernte ich schnell ein neues Gefühl des Unbehagens kennen, welches mich noch in den verschiedensten Formen und Situationen durch mein weiteres Leben begleiten sollte. Anfangs durfte ich nicht zu einigen meiner Klassenkameradinnen nach Hause, weil die Eltern keine Juden bei sich wollten.

Später, als wir in die Pubertät kamen, verstärkten sich dann die antisemitischen Übergriffe durch einige meiner Klassenkameradinnen und deren rechte Boyfriends. Ich sprach damals nicht mit euch darüber, denn abgesehen davon, dass ich euch nicht beunruhigen wollte, war es mir einfach peinlich. Als Teenager hasste ich es natürlich, ausgeschlossen und „ge-andert" zu werden. Als ich kürzlich meine alten Tagebücher las, war es beängstigend zu sehen, wie sich die Angst über Jahre hinweg wie ein Faden durch meine Einträge und meine Träume zog. Es war eine Angst vor Neo-Nazis, es war eine unausgesprochene tiefe geschichtliche Angst vor Antisemitismus, es war eine Angst wegen den täglichen rassistischen Übergriffe gegen türkische und später muslimische Menschen, gegen Schwarze Menschen, und wegen Brandanschlägen wie in Mölln oder Solingen. Lange Zeit dachte ich, ich sei verrückt, denn es war eine heftige Angst, die ich nicht verstehen oder greifen konnte. Alpträume von Nazis, wie sie uns jagen oder unser Haus anzünden, suchen mich heute noch gelegentlich heim. Heute weiß ich allerdings, dass ich nicht verrückt bin und es nie war. Bis in meine späten Zwanziger war Deutschland für mich wie ein rotes Tuch, auch meine Beziehung zu deutsch-Deutschen schwankte zwischen Vorbehalten, Vorsicht und teilweise Aversion. Ich kehrte mit 28 Jahren das erste Mal längerfristig zurück nach Deutschland, nach Berlin. Mittlerweile habe ich für mich einen geeigneten Umgang mit meinem Leben hier in Deutschland gefunden. Es ist kein leichter und kein unkomplizierter, aber das wird es wohl auch nie sein.

**Rachel**: Ihr wart alle drei im jüdischen Kindergarten und in der jüdischen Grundschule. Wir wollten, dass ihr in der jüdischen Tradition, Kultur und Geschichte im jüdischen äußeren Rahmen unterrichtet werdet. Das jüdische Leben haben wir versucht mit euch zu leben. Wir haben das Holocaust Trauma nicht zum Hauptthema gemacht. Da euer Vater in Istanbul geboren und aufgewachsen ist, konnten wir euch auch die jüdische sephardische Tradition näherbringen, die andere Narrative hat.

**Nelly**: Also, ich fühle mich ein bisschen so zwischen euch beiden. Auf der einen Seite hatte ich eine ähnliche Erfahrung aufzuwachsen wie Du, Mama. Ich war in der jüdischen Grundschule, und dann sind wir zusammen als eine große Gruppe jüdischer Kinder aufs Gymnasium gegangen. Aber ich habe mich immer so ein bisschen anders gefühlt als alle anderen. Für mich waren die Reisen in die Türkei immer total wichtig. Keine Ahnung, ich glaube, es war für mich so eine Art Flucht-Identität, eine Fantasie oder Sehnsucht zu einer Zugehörigkeit zu einem Ort außerhalb der Gemeinde, in der ich aufgewachsen bin. Als Teenager haben wir mit meinen engen Freundinnen, jüdische und nichtjüdische, viel darüber gesprochen, wie es ist, Teil einer Gemeinschaft zu sein, aber anders zu sein und anders zu denken.
Wir haben diese ganzen Jugend-Taschenbücher über den Holocaust gelesen, gemeinsam besprochen und darüber diskutiert, und ich habe mich intensiv mit meiner jüdischen Identität auseinandergesetzt. Wir haben viel darüber diskutiert, bist Du eine deutsche Jüdin, oder eine jüdische Deutsche'? Für mich war ganz klar: ich bin Jüdin, die in Deutschland lebt.

Ich erinnere mich daran, als die Wehrmachtsausstellung[5] nach München kam, die zum ersten Mal öffentlich klargestellt hat, dass jeder, der in der Wehrmacht war, und damit quasi jeder deutsche Haushalt, über die Konzentrationslager Bescheid wusste. Daraufhin sind wir damals als große Gruppe jüdischer Jugendlicher auf den Marienplatz gegangen und haben mit älteren deutsch-deutschen Frauen diskutiert, die ständig betonten, sie hätten von nichts gewusst. Alles Versteckte ist mit dieser Ausstellung zum ersten Mal rausgekommen, und das gab natürlich heftige Diskussionen, da es den Status Quo angegriffen hatte, dass die Deutschen angeblich von nichts gewusst haben. Aber in diesen Diskussionen hatte ich keine Angst, denn sie waren von uns aus initiiert. Wir wollten diese Leute herausfordern, das war in dem Moment ganz wichtig für uns. Ich glaube, wir wollten das Schweigen durchbrechen und ein Nachdenken provozieren, dass es Nazis nicht nur in der Vergangenheit gab. Während der Schulzeit war der Holocaust jedes Jahr Thema im Geschichtsunterricht, und jedes Mal wurden wir als jüdische Kinder wie auf ein Silbertablett gestellt. Uns wurde angeboten, an dem Tag nicht zur Schule zu kommen, falls es uns zu sehr belastet, viel Inhaltliches des Unterrichts wurde speziell an uns gerichtet, als ob wir das, was die Lehrer sagten, absegnen sollten. Das war von vielen wahrscheinlich ganz nett gemeint, aber wir wurden dadurch ständig ausgesondert und unsere Klassenkameraden sollten sich schuldig fühlen. Derweil waren weder wir eine homogene jüdische Gruppe noch der Rest der Klasse, der zum Beispiel aus vielen Jugendlichen mit Migrationshintergründen bestand. Ich erinnere mich, in meinem letzten Schuljahr hat sich ein Klassenkamerad (ein deutsch-Deutscher) zu mir gedreht und gesagt: „Ich hab kein Bock mehr, mich ständig wegen euch Arschlöchern schlechter zu fühlen." Ich habe richtig seinen Hass gespürt.

Viele unserer Lehrer hatten definitiv dieses typische Schuldgefühl gegenüber „den Juden", und auch ganz klar Angst, etwas Falsches zu sagen, vor allem, weil wir viele jüdische Jugendliche in der Klasse waren und sehr selbstbewusst. Aber der Bogen in die Gegenwart wurde nie gespannt. Fragen wie: Was können wir von der Geschichte für die Gegenwart lernen? Wo wiederholt sich die Geschichte gerade? Was ist Schrecken, was ist Ausgrenzung, was ist Gewalt, etc.? Parallelen zu anderen Geschichten, die in der Klasse vorhanden waren wie Fluchterlebnisse, Rassismus, Klassen und Geschlechtergewalt etc., wurden nie gezogen. Und ich glaube, das hat sich teilweise widergespiegelt in dem Moment, in dem mich dieser Typ blöd angemacht hatte. Weil das einzige, was beigebracht wurde, war, die Geschichte darf sich nie wiederholen und Du musst Dich schuldig fühlen für das, was war. Aber die komplexen Strukturen der Gewalt als auch die Privilegien zwischen uns wurden nie angesprochen.

Wenn ich mir die AfD-Wähler*innenschaft heute anschaue, und das generelle rassistische und antisemitische Sentiment, das oft mit genau diesem „Man wird doch nochmal sagen können" anfängt, erinnere ich mich jedes Mal an diese Begegnung.

---

5 Vernichtungskrieg. Verbrechen der Wehrmacht 1941 bis 1944, des Hamburger Instituts für Sozialforschung 1995 bis 1999.

Und nach der Schule bin ich dann weg aus Deutschland. Erst nach England, was eine ganz andere Geschichte gegenüber Juden hat. In Diskussionen um Diskriminierung etc. ging es viel mehr um Alltagsrassismen, Kolonialismus, Klassendiskriminierung etc., und für mich war es echt erleichternd, nicht mehr Mittelpunkt dieser Gespräche sein zu müssen, auf eine Art diese Projektion einer jüdischen Identität ablegen zu können. Für meine Studiums-Kolleg*innen war ich eine weiße europäische Frau aus der Mittelklasse. Auf die Frage, wo ich herkomme, habe ich Deutschland geantwortet, vor allem weil es bei meinen dunklen Locken nicht erwartet wurde, aber weniger, weil ich mich als Deutsche identifiziert habe. Seit Kurzem lebe ich in Barcelona, wo sich vieles um ein regionales Nationalgefühl dreht. Gleichzeitig hat sich die Situation in Deutschland verändert und Antisemitismus und Rassismus sind wieder salonfähig. Und ich merke, dass ich wieder das Bedürfnis habe, über mein Jüdisch-Sein zu diskutieren, und darüber, was es bedeutet, als Teil einer Minderheit aufzuwachsen, und auch darüber von außen definiert zu werden, ohne die Komplexitäten diverser Identitäten mit einzubeziehen.

**Rachel**: Nelly, ich bin der Meinung, dass ein Mensch aus vielen unterschiedlichen Facetten besteht. Eine dieser Facetten ist unser Jüdisch-Sein. Wir haben es qua Geburt bekommen. Unsere Aufgabe ist es, sich mit allen unseren Facetten auseinander zu setzen und diese Vielfalt entweder zu akzeptieren oder sie zu negieren. Diese Entscheidung beeinflusst unser Tun und Handeln. Diese Facetten bilden die Bausteine, die unsere Identität bestimmen und unseren Charakter formen. Ich sehe mich als Teil der jüdischen Gesellschaft aber ebenfalls als Teil der Menschen-Gesellschaft. Es ist mir ein wichtiges Anliegen, meinen nicht-jüdischen Freunden klar zu machen, dass ich nicht die Funktion einer Alibi-Jüdin einnehme. Ich erteile meinen deutschen nichtjüdischen Freunden keine Absolution. Ich möchte von niemandem instrumentalisiert werden. Ich bin ebenfalls keine Alibi-Jüdin zum Thema Israel. Ich kann mit ihnen diskutieren, wenn ich es möchte. Die Tatsache, dass ich Jüdin bin, impliziert nicht automatisch, dass ich die israelische Politik mitbestimme und zu verantworten habe.

## JÜDISCHE SELBSTERMÄCHTIGUNG

**Nelly**: Apropos Etikettierung, wie wohl fühlt ihr euch mit dem Label, eine deutsche Jüdin zu sein und wie definiert ihr für euch diesen Begriff?

**Rachel**: Ich bin a priori gegen die Vergabe von Labels. Jeder Mensch ist ein Individuum, das in keine Schublade gesteckt werden darf. Labeling finde ich gefährlich, denn es reduziert Menschen und stigmatisiert sie. Man bedient sich stereotyper Klischeebilder, um Menschen, egal welcher Herkunft, Religion oder Orientierung, einen Stempel zu verabreichen. Jeder Mensch ist ein Individuum, einzigartig und gleich viel wert.
Ich sehe mich als: Mensch, Frau und Jüdin, die in Berlin geboren wurde.

**Nelly**: Mir ist es schon wichtig zu erklären, dass mein Background jüdisch ist. Meine kulturelle Prägung kommt aus dieser diversen Wirklichkeit, in der wir aufgewachsen sind. Home is where the heart is, und in dem Sinne sitzt mein Herz, meine Zugehörigkeit, irgendwo zwischen Burgaz, der Insel außerhalb Istanbuls, wo wir unsere Sommerferien bei unseren Großeltern väterlicherseits verbracht haben und ich mich frei und gleichzeitig geborgen gefühlt habe, der Synagoge in München, in die wir als Kinder gegangen sind, und wo ich zum ersten Mal dieses Gefühl von Gemeinde und Glaube gespürt habe, selbst wenn ich mich dann davon entfernt habe, und bei meiner Familie und meinen Freund*innen, die hauptsächlich europaweit verstreut sind, und den Communities, die wir zusammen bilden. Deshalb ist die ehrliche Antwort auf die Frage „woher kommst Du", „it's complicated".

**Julia**: Ich las vor einigen Jahren das letzte Interview, welches Jacques Derrida vor seinem Tod mit Le Monde im Jahr 2004 gab. Seine Worte räsonieren bis heute sehr stark mit mir, er sagte: „[…] Despite all that, and so many other issues that I have with my Jewishness, I would never repudiate it. I would always say, in certain situations, „we the Jews." This tortured „we" lies at the heart of what is troubling to me, the idea of what I have called with a faint smile „the last of the Jews." This thought is akin to what Aristotle profoundly said about prayer (eukhè): it is neither true nor false. It is, literally, a prayer. In certain circumstances, therefore, I will not hesitate to say, „we the Jews."[6]
Mit kritischem Blick auf die Verwertung des Labels besetze ich für mich das Adjektiv „jüdisch", sowohl als deutsche Jüdin der Gegenwart, als auch Jüdin mit türkischen Wurzeln, und als Jüdin der sogenannten „Dritten Generation".

Ich definiere es losgelöst von stringenten Fremdzuschreibungen und Erwartungen, in denen wir nicht als politisches Subjekt anerkannt werden, sondern als gewisses Begehrensobjekt fungieren. Meine Sprachfähigkeit als Jüdin ist weder abhängig von der Ermächtigung anderer, noch beschränkt auf Themen wie Antisemitismus, Israel oder der Shoah, um darin irgendwelche Identitätsneurosen oder ein nationales Selbstverständnis zu bedienen. Ich gehöre zu einer unbequemen und selbstermächtigten[7] Vielfalt der jüdischen Gegenwartsgeneration in Deutschland, und wenn überhaupt bin ich Teil einer Leitkultur der selbst-zugeschriebenen „Anderen".

**Nelly**: Ich glaube, dadurch dass ich gegangen bin, muss ich mich so viel weniger damit auseinandersetzen, was von meiner Jüdischkeit erwartet wird. In England war ich nicht mehr die Vorzeige-Minderheit, und konnte dadurch diese Identität erst mal ablegen. Und jetzt beschäftige ich mich wieder damit, aber auf meine eigene Art, ich kann mein eigenes Jüdisch-Sein definieren, meine eigenen Werte finden und muss mich mit keinem Zentralrat und keinen deutschen Projektionen zu dem, was es für die bedeutet, jüdisch zu sein, auseinandersetzen. Ich fühle mich dort zu Hause, wo Leute aus verschiedenen Communities zusammenkommen und die eine Sensibilität dafür haben, was Ausgrenzung und Verschieden-Sein bedeutet. Ich denke, ich fühle mich zu Hause im Vielfältigen.

---

6 Derrida, J (2004), Jacques Derrida. Learning to Live Finally: The Last Interview. Brooklyn: Melville House Publishing, 2007. 75 pp.

7 siehe z.B.: Chernivsky, Marina, „Empowerment und Selbstermächtigung – Der Versuch einer Begriffsentwirrung", in Jalta – Positionierung zur jüdischen Gegenwart, Heft „Selbstermächtigung", Berlin: Neofelis Verlag, 2017.

## EINE ZUKUNFT IN DEUTSCHLAND?

**Nelly**: Wie sicher seht ihr eure Zukunft in Deutschland? Welche Handlungsmöglichkeiten betrachtet ihr als notwendig, um ein sicheres und vielfältiges demokratisches Zusammenleben für alle zu stärken?

**Rachel**: Die politische Landschaft hat sich seit meiner Jugend in Deutschland rasant verändert. Ich bin mit den überlebenden Tätern aufgewachsen, die allerdings im Geheimen operierten und bei weitem nicht diesen Wirkungsradius hatten, die dieses Gedankengut heute einnimmt. Besonders nach den NSU-Prozessen wuchs in mir ein Gefühl der Beklommenheit. Ich wurde politisch wachsamer und aufmerksamer. Sicher geglaubte demokratische Errungenschaften stehen zurzeit auf wackligen Füßen. Ich denke, dass die Bundesregierung sich endlich mit dem institutionellen Rassismus in Deutschland auseinandersetzen muss. In wichtigen Behörden, wie z.B. dem BND, dem Verfassungsschutz, der Polizei oder bei Lehrern müssen Hintergrund-Checks durchgeführt werden, damit man weiß, mit welcher Ideologie Menschen dort zu arbeiten anfangen oder bereits arbeiten. Es gibt zwar eine öffentliche Erinnerungskultur, die sich um die deutsch-jüdische Geschichte kümmert, aber ich glaube, dass es bei vielen Menschen bis heute eine Scheu gibt, nach dem Verhalten der Eltern oder Großeltern während der Nazizeit zu fragen. Es ist sicher auch ein politisches Kalkül auf dem rechten Auge blind zu sein, zum Wohle eines sogenannten rechten Konservatismus. Meiner Meinung nach hat sich dieser Balanceakt, extrem rechten nationalen Konservativen eine politische Heimat zu bieten, als Fehler entpuppt. Durch den derzeit herrschenden globalen Populismus ist die moralische Hemmschwelle verschwunden und der Rassismus hat sich zu einer modernen Weltanschauung entwickelt. Wir haben eine erstarkende rechtspopulistische Partei im Land, die Unsagbares sagbar und Undenkbares denkbar macht. Die Pressemedien sollten abseits von ökonomischen Zielen bedenken, dass die Sprache ihrer teils tendenziösen Schlagzeilen Meinungen formt und damit Teile der Gesellschaft beeinflusst. Diese Schlagzeilen reichen oft aus, dass Menschen ihre kruden Meinungen bestätigt sehen. Es wird dann schnell generalisiert und Stereotypen entwickelt, die dazu führen können, dass Menschen sich radikalisieren. Auf keinen Fall dürfen wir die digitale Welt und die sozialen Medien vergessen, denn diese Plattformen sind die größten und fruchtbarsten, aber auch schwer kontrollierbare Multiplikatoren und Rattenfänger.

Wir leben in einer Gesellschaft und sind nicht nur für uns verantwortlich. Für mich ist Verantwortlichkeit auch gegenüber meinen Mitmenschen eine Konsequenz meiner Freiheit. Wenn jeder Mensch für sich und damit auch für die Anderen Verantwortung übernimmt, dann kann ich mich sicher fühlen, egal wo auf dieser Welt. Man kann Rassismus aktiv bekämpfen, indem man sich zum Beispiel zivilgesellschaftlichen Organisationen anschließt oder an einzelnen Aktionen gegen Rassismus teilnimmt. Dafür muss man sich nicht in politischen Parteistrukturen engagieren.
Schweigen bedeutet zuschauen und die Konsequenz ist, sich mit-schuldig zu machen.

**Nelly**: "Your silence will not protect you." - Audre Lorde.[8]

**Julia**: Genau. Schweigen ist Mitmachen. Ich meine, es geht um Anerkennung, aber auch um Sichtbarmachung. Jo Frank vom jüdischen Studienwerk ELES sagte kürzlich in einem Radiointerview: „Wenn das Ritual [des Gedenkens] sozusagen statisch bleibt, aber die Erinnerung dynamisch ist, dann stimmt hier irgendetwas nicht".[9] Ich unterstütze die Notwendigkeit von Gedenkveranstaltungen und historischer Aufarbeitung, denn eine bewusste Erinnerungskultur, die ein Umlernen zum Ziel setzt, kann zu sozialer Gerechtigkeit beitragen und die Anerkennung von Opfern sowie ihren Angehörigen würdigen. Allerdings habe ich manchmal den Eindruck, durch offizielle Gedenktage wird ein Deckel draufgesetzt, um somit jegliche Verantwortlichkeiten der strukturellen Kontinuitäten zu vermeiden. Außerdem treibt mich die Frage der Gewichtigkeit der verschiedenen anerkannten Gedenktage und Errichtung von Denkmälern um: Wem wird gedacht? Von wem und in welchem Maße? Wer wird gesehen, wer wird gehört? Wer nicht und wieso nicht? Das führt zu einer Spaltung unter den verschiedenen Opfergruppen und einer gefährlichen hierarchischen Wertung von Leid.

**Nelly**: Und das ist das, was ich versucht hatte über meine Erinnerung an den Geschichtsunterricht zu erklären. Der Holocaust wurde als historischer Schandfleck in eine geschlossene Kapsel gesteckt und in der Vergangenheit gelassen. Eine Vergangenheit, für die man sich schuldig fühlen muss als Deutscher, aber ohne die Prozesse des Holocaust zu hinterfragen, die in diesem heutigen Rassismus/Antisemitismus wiederauftauchen. Das Motto heißt, „das" darf nicht noch einmal passieren!. Aber viele der Prozesse, die dieses bestimmte Ereignis ausgemacht haben, passieren die ganze Zeit wieder. Bloß werden die nicht angeschaut und vor allem nicht mit dem verbunden, was „nicht noch einmal passieren darf". Der Holocaust wird als solcher in der Vergangenheit gelassen, während tagtägliche strukturelle Ungerechtigkeiten, Alltagsrassismen und Gewalt ignoriert werden, und sich anstelle dessen für die Vergangenheit schuldig gefühlt wird, bis zu dem Punkt, dass es allen zum Hals heraushängt und wir dann als Juden noch dafür schuldig gemacht werden, dass sich die Deutschen immer noch schuldig fühlen müssen. Es ist ein Armutszeugnis für eine fehlgeschlagene politische Bildungsarbeit.

**Rachel**: Wir teilen alle Drei die Meinung, dass die Shoah-Aufarbeitung Deutschlands offensichtlich nicht tiefgreifend und umfassend genug war. Einerseits wurde und wird diese Aufarbeitung zwar verbal in den Schulen kommuniziert, aber die non-verbale, emotionale Verarbeitung ist außer Acht gelassen worden.

Andererseits ist der Fremde/der Andere seit Anbeginn der Menschheit eine Projektionsfläche für Angst, Wut, Neid und vieles mehr.

---

8 Lorde, Audre, 1984. Sister outsider. Berkeley.

9 Frank, Jo (2020): "Holocaust-Gedenktag: Das Wort haben bald die Kinder und Enkel". Interview mit Stephan Karkowsky. Deutschlandfunk Kultur, 27.01.2020, online unter https://www.deutschlandfunkkultur.de/holocaust-gedenktag-das-wort-haben-bald-die-kinder-und-enkel.1008.de.html?dram:article_id=468863

Ich denke, dass eine öffentliche Debatte über die Gefahren und die Macht von Vorurteilen und Sprache überfällig ist. Wir müssen die Probleme – Antisemitismus, Islamophobie, Rassismus, Rechtsextremismus – klar benennen und uns dagegenstellen. Dazu bedarf es des Mutes und der Fähigkeit, Menschen zu motivieren sich zusammen zu schließen. Die Formel heißt Zivilcourage, diese kann allerdings nicht von Oben - von den Parteien - per Gesetz verordnet werden. Zivilcourage muss vom Volk - von Unten - entstehen. Nur so kann man etwas bewirken und verändern.

Die jüdischen Erfahrungen, die seit tausenden von Jahren gemacht wurden, müssen allen anderen Minderheiten, die hier jetzt Teil der deutschen Gesellschaft geworden sind oder werden wollen, weitergeben werden. Ein großes Bündnis aller Minderheiten könnte empowernd in die Gesellschaft wirken und neue Möglichkeiten eröffnen. Unser gemeinsamer Nenner ist der Rassismus, dem alle Minderheitsgruppen ausgesetzt sind.

**Nelly**: Also Du appellierst quasi dazu, dass wir als Juden, als eine der älteren Minderheiten in Deutschland, und mit einer langen Geschichte von Diskriminierung innerhalb des Landes, uns mit neueren Minderheitsgruppen solidarisieren sollten. Da gebe ich Dir Recht. Dazu gehört aber auf jeden Fall auch, von unserer Seite die Parallelen der Diskriminierung zu sehen, und uns nicht nur auf unsere eigene Sicherheit zu konzentrieren. In meiner Schulzeit zum Beispiel war ich so in meine eigene Geschichte vertieft, andere Diskriminierungen, die in meiner Klasse stattfanden, sind mir nur rückblickend aufgefallen.

**Julia**: Ich bin eine Riesen-Unterstützerin von politischen Allianzen, welche ich als Prozess und Methode verstehe, und nicht als Ziel betrachte. Es ist ein ständiger und unbequemer Aushandlungsprozess, ohne den es aber nicht gehen wird. Antisemitismus und Formen von Rassismus sind verschieden und wir sind nicht alle gleich betroffen. Wir haben sehr verschiedene passing- und gesellschaftliche Akzeptanz-Privilegien, andere Benachteiligungen und andere Erfahrungsgeschichten; wir „dienen" auch anderen zugeschriebenen Funktionen im Selbstbild der deutschen Gesellschaft.

Sich seiner eigenen Privilegien und De-Privilegien bewusst zu werden und sie konstant kritisch zu vermitteln, ist meines Erachtens ein Schlüssel, damit ich mein Gegenüber mit Respekt und Verständnis „sehen" kann und von meinem Gegenüber ebenfalls so „gesehen werde". Ansonsten verbleiben wir in diesem ständigen und langweiligen Spiel von „Wer ist das größere Opfer?". Es ist ein Teufelskreis der toxischen Identitätspolitik, der sowohl lähmt als auch spaltet. Meines Erachtens ist es so, dass wir Betroffenen, trotz und auch aufgrund unserer Unterschiede, alle auf eine Art oder Weise wissen, wie es sich anfühlt und welche Implikationen es mit sich schleppt als „Anders", als etwas „Fremdes" wahrgenommen und behandelt zu werden. Genau deshalb ist es meiner Ansicht nach aber so wichtig, dass wir aufeinander aufpassen und uns dann füreinander und miteinander stark machen, wenn andere zum Objekt des Hasses oder Ausgrenzung werden.

**Nelly**: Also abschließend lässt sich sagen: die Situation in Deutschland ist mit Recht beängstigend. Wenngleich für euch klar ist, dass Halle ein weiterer Anschlag in einer langen Liste fürchterlicher Gewalttaten war, ist es höchste Zeit, die Art und Weise zu verändern, wie wir uns mit der Geschichte auseinandersetzen. Wir sollten aufhören, ausschließlich auf die Vergangenheit zu blicken und uns dabei zu fühlen, als hätten wir alles unter Kontrolle. Ohne die Vergangenheit außer Acht zu lassen, müssen wir Wege finden, um die Lücke zur Gegenwart zu schließen und uns dezidiert mit unseren neuen Realitäten auseinanderzusetzen. Strategische Allianzen und politische Bündnisse gestalten sich als notwendiger und wirkungsvoller Weg, um dem Rechten Gedankengut in unserer Gesellschaft gemeinsam entgegenzutreten.

**Rachel Alfandari** ist 1951 in West-Berlin geboren. Sie ist die Zwillingsschwester von Nea Weissberg. Nach ihrem Abitur 1971 ist sie zum Studium nach Israel gegangen. An der Universität Tel Aviv studierte sie Romanistik und Philosophie. Im Jahr 1975 hat sie Israel verlassen und ist dann zusammen mit ihrem Mann zunächst in Berlin gelandet. 1977 gingen sie nach München. Sie haben drei Kinder. Zusammen führten sie knapp 40 Jahre lang ein kleines Unternehmen. Seit ihrer Pensionierung besucht sie Vorlesungen im Bereich kritischer Philosophie und Gender Studies an der LMU.

**Nelly Idith Alfandari**, 1980 in München geboren, ist Englisch- und Theater-Lehrerin der Sekundarstufe und arbeitet als Theaterschaffende mit der Methode des Theaters der Unterdrückten im sozialen Bereich. Sie promoviert zum Thema Social Justice, Inklusion und kritische Pädagogik an der London South Bank University und wird vom jüdischen Studienwerk ELES gefördert. Nelly lebt zurzeit in Barcelona.

**Julia Yael Alfandari**, ist ebenfalls in München geboren, lebt derzeit in Berlin und ist im Bereich politische Bildungsarbeit und Wissensvermittlung tätig. Sie koordiniert das Kunst- und Kultur Programm der Leo Baeck Foundation, DAGESH - jüdische Kunst im Kontext. Zuvor war Julia als Referentin bei der Heinrich-Böll-Stiftung in Berlin tätig, dort leitete sie u.a. interimistisch das Referat Nahost und Nordafrika. Bis 2018 arbeitete Julia in Wien als Referentin für Gender und Diversität bei CARE International und war zuvor bei UN Women in Dakar tätig.

Die Alfandaris:

Familienbänder ↔ Familienbande

Foto, 2020. Sharon Adler. Fotoausschnitt und Bildbearbeitung Grafische Werkstatt.

# Eva Nickel

## Helfen – Mein Erbe und Lebensauftrag

Als ich im Juli 1948 im Jüdischen Krankenhaus in Berlin-Wedding geboren wurde, wusste meine Mutter Alice Nickel, geborene Silbermann[1], noch nicht, dass vier Jahre zuvor, am 10. August 1944, meine beiden Halbschwestern Ruth und Gitti[2] aus dem „Sammellager" der Gestapo im Jüdischen Krankenhaus mit dem letzten Transport vom Bahnhof Grunewald nach Auschwitz deportiert worden waren. Dort wurden die Mädchen kurz vor ihrem siebten beziehungsweise fünften Geburtstag am Tag ihrer Ankunft vergast und verbrannt. Während des Krieges, im Frühjahr 1944, hatte meine Mutter ihre beiden kleinen Töchter nach Weimar in ein Versteck gebracht, von dem sie glaubte, es sei sicher. Das hatte man ihr versprochen. Von Berlin aus musste sie von Zeit zu Zeit so viele Lebensmittelmarken, wie sie unter den widrigen Umständen ergattern konnte, ebenso Kleidungsstücke, und Geld als eingeforderte Bezahlung der vermeintlichen Helferin Elli Möller[3] beschaffen. Nach dem Krieg – nach verzweifelter Suche – erfuhr meine Mutter von Verrat, Gleichgültigkeit, und schließlich von der Deportation ihrer geliebten Kinder.

*Noch lange Jahre nach dieser Zeit saß ich mit meiner Mutter gemeinsam vor dem Radioapparat. Wir hörten die Rot-Kreuz-Meldungen – endlose Listen von Suchenden und Gesuchten – ob nicht doch noch eine Möglichkeit bestünde, dass die beiden Mädchen und ihr ebenfalls deportierter zweiter Ehemann, Adolf Löwenthal, überlebt haben könnten. Ihre Hoffnung, Sehnsucht, Verzweiflung und Trauer endeten bis zu ihrem Tode 1987 nicht.*

Ich wusste von klein auf, dass ich für meine beiden Schwestern geboren wurde und eine Aufgabe zu erfüllen hatte. Ich trage ihre Vornamen als Zweit-und Drittnamen: Eva Ruth Brigitte. Über das erlebte Leid meiner Mutter erfuhr ich von ihr selbst nur sehr wenig, dafür von den Menschen, die ihr geholfen hatten, die sehr viel riskiert hatten, um sie und andere Juden und Jüdinnen zu retten. Diese „Stillen Helden"[4] (so nennt man heute die Helfer, die nichtjüdischen NS-Gegner, die sich dadurch auch selbst in Lebensgefahr brachten) waren meine „Tanten und Onkel", meine „Vizeeltern". Ganz wichtig für mich war auch die Mutter meines Vaters[5] – meine Großmutter Luise Nickel. Sie war meine Omi.

---

1 Geschiedene Süssmann, verwitwete Löwenthal.

2 Kinder von Herbert Süssmann, adoptiert 1942 von Adolf Löwenthal.

3 Die vermeintliche Helferin Elli Möller hat Ruth und Gitti bei der Lebensmittelkartenstelle preisgegeben, sodass die Berliner Adresse verraten wurde.

4 Vormals „Unbesungene Helden" genannt.

5 Willy Nickel, der dritte Ehemann meiner Mutter.

Alle diese Helfer/innen waren auch nach dem Krieg mit uns freundschaftlich verbunden. Ihnen stellte ich die Fragen, die meine Mutter nicht beantworten konnte. Sie halfen mir durch ihre geduldig erzählten Erinnerungen an die Zeit der Verfolgung, meine Mutter zu verstehen und meine Schwestern ein wenig besser kennen zu lernen. Obwohl ich sie in Wirklichkeit nie erlebt habe, sind sie mir immer nah. Ich habe ein Fotoalbum von ihnen. Die Bilder wurden 1941 am Scharmützelsee in Wendisch Rietz aufgenommen. Obwohl schon systematische Deportationen von Juden aus Berlin nach Osteuropa Mitte Oktober 1941 begonnen hatten, der Krieg schon zwei Jahre lang tobte, zeigen die Fotos eine so friedliche Atmosphäre, als würde die Wirklichkeit nicht existieren. Sie spiegeln den Wunsch nach Ruhe und Glück, ohne Verfolgung, Kummer und Sorgen wider.

### Hineingeboren

Ich wuchs – nach dem Krieg geboren – in eine Welt hinein, die nicht mehr existierte. Die Folgen dieser Nicht-Existenz musste ich stets für meine Mutter und auch für ihr Umfeld mittragen.
Als kleines Mädchen konnte ich das Verhalten, die Emotionen, die Zusammenbrüche, die Krankheiten meiner Mutter oft nicht verstehen. Durch die ständige Lebensbedrohung der Naziverfolger hatte meine Mutter überlebenswichtige Reflexe entwickelt, die sie nun nicht mehr abstellen konnte. Erst später – in den 1990er Jahren und als meine Mutter schon verstorben war – lernte ich, dass sie unter Traumata litt, die sie nicht aus eigener Heilungskraft ihres Körpers „in den Griff bekommen" konnte. Heute wird dieses psychische Symptom als „Posttraumatische Belastungsstörung" (PTBS) bezeichnet. Von meinen neuen Erkenntnissen als Sozialarbeiterin für traumatisierte Menschen aus der NS-Zeit konnte sie nicht mehr profitieren.

Ihre ganzen Kräfte hatte meine Mutter während der Zeit als „illegal Lebende", als Untergetauchte für das Überleben der beiden Kinder und sich selbst mobilisiert. Das musste sie tun, sonst hätten sie alle nicht die geringste Chance gehabt. Im Versteck begann sie, Briefe zu schreiben. Sie schrieb sie an ihren zweiten Ehemann Adolph Löwenthal, der am 27. Februar 1943 (bei der sogenannten Fabrikaktion) von der Zwangsarbeit bei SIEMENS abgeholt und nach Auschwitz deportiert wurde. Da sie nicht wusste, wohin sie die Briefe hätte schicken sollen, wurden diese Aufzeichnungen zu einer Art Tagebuch. Alle Ängste, Sorgen, Nöte, Probleme, ihre Einsamkeit und Verlassenheit teilte sie ihrem Mann in diesen Briefen mit, ohne zu wissen, dass er schon längst ermordet – vergast und verbrannt war. „Briefe an den Schornstein", nenne ich ihr Konvolut.

Meine Mutter hatte das Glück, „gute arische" Freunde zu haben; die – wenn sie konnten – ihr immer wieder weiterhalfen, oft unter Einsatz ihres eigenen Lebens. Jede/r der „Illegalen" wiederum brauchte ein Netz von Helfer/innen[6]. So konnte eine einzige Person die Hilfe von Unterbringung und Verpflegung nicht allein und über eine längere Zeit bewältigen. Zu groß war die Gefahr der Entdeckung und Denunziation. Daneben waren die untergetauchten Juden und Jüdinnen auch Betrug und Geldgier ausgesetzt, denn es gab auch Menschen, die die verzweifelte Lage der Verfolgten für sich ausnutzten und Geschäfte mit ihnen machten. Auch deren Arbeitskraft beuteten sie aus, ohne sie dafür zu bezahlen.

## Flucht in den Untergrund – illegales Leben und Überleben

Während der Fabrikaktion Februar/März 1943 half eine katholische Freundin, Elisabeth Gabriel, und deren Familie, meiner Mutter in der verzweifelten Nacht, als ihr Mann verhaftet wurde, in den Untergrund. Sie organisierten alles, damit meine Mutter ins „versteckte Leben" untertauchen konnte. Meine „Tante" Elisabeth erzählte mir später, als ich schon erwachsen war, was sie direkt miterlebt hatte.

*Tante Elisabeth führte einen „Kolonialwaren-Laden". Dieser Laden war ein geselliger Treffpunkt. Er war immer voll! Außer ihrem Einkauf tauschten die Frauen der Umgebung auch die neuesten Nachrichten aus. Im Frühsommer 1944 erschien ein SS-Mann im Laden und zeigte den anwesenden Frauen Fotos von Ruth und Gitti, fragte sie, ob „dies die Löwenthal-Kinder" seien. Alle Frauen gaben sich gegenseitig Blickzeichen, weil sie Ruth und Gitti sehr wohl erkannten. Doch wollte keine der Frauen die Kinder verraten: „Das sind ja neue Fotos!" und „Die sind doch schon lange hier weg!" Oder: „Denken Sie etwa, dass wir die Kinder heute noch nach so langer Zeit erkennen können?" „Innerhalb von Wochen sehen Kinder in diesem Alter schon ganz anders aus!" usw. Als der SS-Mann unverrichteter Dinge den Laden verließ, wartete auf der gegenüberliegenden Straßenseite jedoch schon die Hauswartfrau, Frau Qualiz. Sie zeigte auf die Fenster der Wohnung. Eine einzige Aussage, ein Fingerzeig, verriet die Mädchen. Tante Elisabeth erzählte mir, dass sie damals nicht gewagt hatte, meiner Mutter zu sagen, was geschehen war. Als sie sie heimlich traf, um ihr Lebensmittelmarken zu geben, schwieg sie. Meine Mutter bekam die echten Marken, während Tante Elisabeth die gefälschten von anderen Kunden abrechnete.*

---

6 Historische Studien zeigen, dass ungefähr 0,3 Prozent der Deutschen (200.000 von 70 Millionen) Opfern des Nationalsozialismus geholfen haben. In einer Umfrage von 2018 behaupten allerdings 28,7 Prozent der Deutschen, dass ihre Vorfahren Opfern geholfen hätten, vgl. Samuel Salzborn „Kollektive Unschuld", 2020.

## „Den Nazis eins auswischen" – Die Leistung meiner Großmutter

Mein Vater Willy Nickel und seine Mutter Luise Nickel retteten viele Juden und Jüdinnen. Sie waren mutige Kommunisten – das war damals ihre Grundüberzeugung. Meine Eltern Alice und Willy waren sich schon vor der Machtergreifung Hitlers begegnet. Sie hatten gemeinsame Freunde, die Geschwister Glase. Diese brachten sie zusammen mit Ruth und Gitti zu meiner Großmutter von der Christinenstraße zur Prenzlauer Allee. Anfang März 1943 brachte meine Großmutter Alice und ihre beiden Töchter in das Wochenendhaus der Familie Nickel am Waldesrand hinter Strausberg.

*Eigentlich war das Haus nur für den Sommer gebaut. Aber es war ein massives Steinhaus, Öfen waren in den Zimmern der zwei Etagen vorhanden. Bruchholz und tausende von Kienäpfeln lagen immer am Waldesrand vor dem oberen Gartentor. In der Küche wurde auf einem Feuerherd gekocht. So konnte man das Haus gut heizen. Grundwasser wurde vor der Haustür vom Hof aus der Pumpe geholt. Die Toilette befand sich ein Stück vom Haus entfernt am Ende des Schuppens mit einer Sickergrube.*

*Die ersten, die bei meiner Omi versteckt wurden, waren meine Mutter, Ruth und Gitti. Sie konnten nur bis zum Herbst 1943 bleiben. Da die beiden Kleinen auffielen, erwies sich ein weiterer Verbleib als zu gefährlich. Es dauerte jedes Mal mehrere Tage, bis kurzzeitige Notunterkünfte gefunden wurden. In der Zwischenzeit mussten sie irgendwie in Straßenbahnen, in einem Zoogeschäft übernachten oder sich andere Untertauchgelegenheiten für die kommende Nacht suchen. Schließlich musste meine Mutter ihre Mädchen weit weg von Berlin unterbringen. Es gelang ihr, die Kinder nach Weimar in die Obhut einer Frau zu geben, die sie bisher nicht kannte. Sie hatte keine andere Wahl. Diese Frau, Elli Möller, machte dies nicht aus reiner Nächstenliebe. Neben Kost, Logis und Kleidung für die Kinder, verlangte sie auch Kleidung für sich selbst, denn meine Mutter war von Beruf Modistin, Putzmacherin und Schneiderin. Meine Mutter wähnte ihre Kinder bei ihr sicher. Ein verhängnisvoller Trugschluss.*

Bei den Bombenangriffen 1944 auf Berlin wurde die Wohnung meiner Großmutter im Prenzlauer Berg ausgebombt. Sie zog nun endgültig in ihr Haus in Strausberg. *Die Frauen liefen sechs Kilometer durch den Wald bis zur S-Bahn. Diese Strecke fuhr noch verhältnismäßig regelmäßig von und nach Berlin. Die bei meiner Großmutter „untergetauchten" Frauen haben bei ihnen bekannten Leuten alle Arten von Arbeit verrichtet, auch die unangenehmsten und allerniedrigsten. So haben sie, sofern sie bezahlt wurden, die dringend benötigten Lebensmittel und täglichen Bedarfsartikel zusammenbekommen.*

In Berlin konnte meine Mutter manches Mal durch tapfere, treue Freunde still und heimlich Kontakte erhalten und damit immer mal Arbeit und ein wenig Geld, Lebensmittelmarken und Lebensmittel verdienen. Codierte und vorsichtige Kontakte hatte sie zu jüdischen Freunden und entfernten Verwandten, auch zu Verwandten ihres Mannes. Festnahmen und Deportationen in die KZs gab es täglich. Jeder Tag war mit Todesangst belastet.

So traf meine Mutter zwei Verwandte ihres Mannes, die ebenfalls „illegal umherirrten", Trude Raczkowski, eine ältere Sekretärin (im Alter meiner Großmutter) und Lotte Löblich, die jünger als meine Mutter war. Als sie abends mit meiner Großmutter darüber sprach und davon erzählte, forderte sie meine Mutter auf, Lotte nach Strausberg mitzubringen. So lebten nun drei jüdische, verfolgte Frauen in Strausberg zusammen. Später kam noch ein Ehepaar mit einem Baby und weitere jüdische Menschen dazu. Eines Nachts, im August 1944, klingelte ein SS-Mann am Gartentor. Im Haus verbreitete sich panische Angst. Alle wollten Spuren verwischen und verschwinden lassen. Auffälliges und Beweisstücke ihrer Existenz mussten in Windeseile verschwinden. Alle packten ihre Sachen und verschwanden über den hinteren Gartenweg durch das kleine Tor.

Später fragte ich Omi nach den „Vorkommnissen von damals", denn das Haus verriet viele Spuren, die mir Rätsel aufgaben und mich neugierig machten. Dann erzählte sie mir, manchmal lächelnd, manchmal mit Tränen in den Augen, von Ruth und Gitti. Ihre abgrundtiefe Abscheu gegen die Nazis, „die Ausgeburt der Hölle", verbarg sie nicht. Wenn Omi von früher erzählte, begriff ich sehr schnell, wie lebensgefährlich diese Zeiten und das Leben damals waren. Ich bewunderte Omis Mut, ihre Scharfzüngigkeit und Schlagfertigkeit und ihren konsequenten, tapferen Widerstandwillen.

In einem solchen Gespräch sagte ich zu ihr: „Du musst verrückt gewesen sein, das war doch alles lebensgefährlich!?" Sie drehte sich mir zu und antwortete lächelnd über ihre Schulter hinweg: „Ich konnte ja nur einmal sterben! Aber dann habe ich wenigstens was getan!" Diese Aussage werde ich nie vergessen. Ich bin stolz auf meine Omi. Tante Trude, ihre gute, hilfreiche und langjährige Freundin und meine Mutter sagten immer: „Sie hatte Freude daran, wenn sie den Nazis eins auswischen konnte!" Einige Leute fürchteten ihr scharfes Urteilsvermögen.

In Guben geboren, als Tochter eines schlesischen Webermeisters, war schon der kindliche Alltag meiner Großmutter von harter Arbeit geprägt. Als junges Mädchen kam sie nach Berlin, um eine Hauswirtschafts-Stelle anzunehmen. Sie trat erst der Sozialdemokratischen Partei (SPD) bei, später war sie bei der Unabhängigen Sozialdemokratischen Partei (USPD) und beim Spartakusbund. Von Beginn an war sie seit 1918 Mitglied in der Kommunistischen Partei Deutschlands (KPD). Da war sie bereits mit Friedrich Nickel verheiratet, einem sehr geschickten Tischlermeister, den sie schon in der SPD kennengelernt hatte. 1905 wurde ihr Sohn – mein Vater Willy - geboren.

Sie verehrte Rosa Luxemburg. Zeitlebens hing ein Bild von ihr am Kopfende über ihrem Bett. Mit Stolz erzählte sie, dass Karl Liebknecht (er war Rechtsanwalt) sie vor dem I. Weltkrieg bei einem politischen Prozess bei Gericht (weil sie gegen den I. Weltkrieg war) so gut verteidigte, dass sie nicht ins Gefängnis musste. Für sie war das ein großes Glück, denn zu Hause wartete ein kleiner Junge (mein Vater) auf sie. Ihr Leben lang waren ihr Gerechtigkeit und bessere Lebensumstände für notleidende Bevölkerungsschichten wichtig. Manchmal erschien sie sehr hart, aber ihr Herz war weich und lieb. Auch die Menschen, die sich bei ihr verstecken konnten, erlebten zwar ihre Strenge, aber eben gerade auch ihre Großzügigkeit und ihre Geduld.

## Aufgewachsen in der DDR

Meine Eltern hatten die Nazizeit überlebt und heirateten 1947. In Ost-Berlin trafen sich die Überlebenden aus den KZs und die Jüdinnen und Juden, die aus der Emigration zurückkehrten. Sie gingen zur großen „Neuen Synagoge" in die Oranienburger Straße, wo sich seit 1869 das Verwaltungsgebäude der Jüdischen Gemeinde befand.

Die nach dem Krieg Zurückgekehrten hatten unterschiedliche Ziele: Entweder wollten sie „nur weg" und in anderen Ländern ein neues Leben beginnen, oder sie kamen in ihr Heimatland zurück, um ein „besseres Deutschland" aufzubauen. Viele mussten feststellen, dass man ihnen nur begrenzt Gelegenheit dazu gab.

Meine Mutter und Tante Trude versuchten Ende 1945 die heldenhaften Taten meiner Großmutter anerkennen zu lassen. Schließlich hatte sie mehrmals ihr Leben riskiert, hatte kluge Strategien entwickelt und Schutzsuchende versteckt. Doch bei der zuständigen Organisation „Opfer des Faschismus" (OdF), später „Verfolgte des Naziregimes", (VdN) wurde ablehnend reagiert: Die Antwort auf den Antrag lautete immer: „Juden zu retten war kein Widerstand, sie hätte politisch aktiv sein müssen!"

Jahrzehntelang empfand die Mehrheit der Deutschen in Ost und in West jeglichen Widerstand gegen die Nazis als Verrat am „Deutschen Volk." In beiden deutschen Staaten gab es zu viele Menschen, die immer noch der Naziideologie nachhingen. Wo sollten denn auch die vielen Menschen, die den Nationalsozialismus so verehrten und ihm so innig dienten, geblieben sein?

Ich frage mich bis heute, was politischer hätte sein können als die Gegen- und Abwehr der industriell durchgeführten Ermordung von Menschen, der „Endlösung der Judenfrage?"

Ich wuchs auf in der politisch geteilten Welt und mit der Teilung meiner eigenen jüdisch-nichtjüdischen Welt. Es gab für mich die „Bösen", die schuld am frühen Tod meiner beiden Schwestern waren. Und es gab die Nicht-Juden/innen, die halfen und mich verstanden. Für mich war das eine doppelte Teilung – die politisch-staatliche und die jüdische/nichtjüdische.

## „Wir sind das Volk" – Der Preis der Vereinigung – Antisemitismus

1989 kam die Wende. Immer mehr Bürger der DDR gingen auf die Straße, um zu demonstrieren. Das Ziel lautete: „Die Mauer muss weg!". In Leipzig wurden die Montagsdemonstrationen von Woche zu Woche größer und stärker, dann erschallte der Ruf: „Wir sind das Volk!". In die Jüdische Gemeinde Berlin-Ost traten schon seit Mitte der 1980 Jahre junge Leute ein, die nachweisen konnten, dass ihre Eltern Juden waren. Die wiederum waren in den 1950 Jahren aus politischen und Zwangsgründen (Slánský, Rajk und Merker-Prozesse) ausgetreten und hatten es danach nicht gewagt, wieder einzutreten. Ihre Kinder wollten nun aber die Gelegenheit nutzen und über die kleine, inzwischen aber privilegiert gewordene Jüdische Gemeinde einen Ausreiseantrag in die Bundesrepublik stellen. Wir, die wir ein Leben lang schon in der Jüdischen Gemeinde Mitglied waren, alle Hochs und Tiefs – die jeweiligen Instrumentalisierungen jedes Mal miterlebten, nannten sie schlicht „die Neu-Juden".

Als die Mauer fiel, freute ich mich. In der DDR skandierten nun die Montagsdemonstranten „Wir sind ein Volk!". Die Menschen in der DDR veränderten sich. Sie hatten nur noch die Wiedervereinigung im Kopf. Ich wollte keine Wiedervereinigung, am besten wären zwei unabhängige Staaten geblieben! So, wie sich alles entwickelte, bekam ich Angst. Ich beobachtete die „Zwei-plus-Vier-Gespräche", sah die Vereinigungsverhandlungen und befürchtete nun, wenn wir eine Wiedervereinigung haben werden, ein großes starkes Deutschland mitten in Europa, dann könnten wir „ins IV. Deutsche Reich marschieren"! Auf den Landstraßen außerhalb Berlins, Richtung Oranienburg, Strausberg, Erkner oder Potsdam, meistenteils an Kasernen und Unterkünften der sowjetischen Besatzungsmacht, sah ich die Losungen an Mauern und Wänden in unübersehbar großen Lettern gepinselt, wie „Russen raus!", „Verpisst Euch!", oder „Das ist unser Land!".

Am 1. Januar 1991 war die Ost-Berliner und die West-Berliner Jüdische Gemeinde vereinigt und endlich erhielt ich (nach zwei Monaten ehrenamtlicher Probezeit) einen neuen Arbeitsplatz in der Jüdischen Gemeinde zu Berlin. Meine Aufgabe war es unter anderem nach 1991, mich um die ankommenden sowjetischen Juden und Jüdinnen zu kümmern, die aufgrund des Beschlusses des „Runden Tisches" in die DDR einreisen konnten. Dieser Beschluss begründete sich aus der NS-Vergangenheit Deutschlands und der daraus folgenden Verantwortung. Das war mit sehr viel Arbeit und Chaos verbunden. Wie wir und die ankommenden Immigranten das geschafft haben, ist mir bis heute noch ein Rätsel. So viele waren das!

Schon damals merkte ich, wie offensiv und wie anders der Antisemitismus in der Bundesrepublik war. Ich habe z. B. in den frühen 1990er-Jahren erfahren, dass dem Vorsitzenden der Jüdischen Gemeinde zu Berlin, Heinz Galinski, ein Paket mit einer Ratte zugeschickt wurde. Ich erlebte damals auch, dass uns antisemitische Briefe mit wüsten Beschimpfungen und Drohungen geschickt wurden.

Nachdem heutzutage Rabbiner unserer Jüdischen Gemeinden auf der Straße bedroht werden, ein 21-jähriger Israeli mit einem Gürtel von einem Mann mit arabischem Migrationshintergrund auf offener Straße geprügelt wurde und als der Enkelsohn von mir bekannten Gemeindemitgliedern in der Schule gemobbt und angegriffen wurde, ja, sogar eine Scheinhinrichtung erleben musste, hat mich das bestürzt, aber nicht überrascht.

### Halle / Saale, 9. Oktober 2019

Für mich war der Überfall auf die Synagoge in Halle eine weitere Steigerung in neuer Qualität des bestehenden Antisemitismus. Ich war erschrocken, aber dass es passiert ist, hat mich nicht verwundert. Als mir jemand eine WhatsApp mit dem Videoclip des selbst-gefilmten Attentats durch den Mörder zuschickte, habe ich es mir angesehen. Ich wollte wissen, was geschehen ist. Es ist besser, die Wahrheit zu ertragen, als dass die Phantasie einen beherrscht (eine Einsicht meiner Lebenserfahrungen). Ich habe beim Zuschauen einen Moment lang Angst, Wut und Verzweiflung verspürt und das Gefühl, ich müsse mein Leben im Untergrund vorbereiten. Bekannte aus der VVN fragten mich, wie es mir geht, versicherten mir ihre Solidarität, das half mir. Von meinen nichtjüdischen Freunden und Bekannten fragte mich kaum jemand, wie es mir damit geht. Einer fragte mich, was ich denn damit zu tun habe, Halle sei doch so weit weg von Berlin!

Solange wir von der Mehrheit der deutschen Bevölkerung keine ausreichende Solidarität erfahren, werden auch weiterhin Jugendliche die Straße entlangziehen und brüllen: „Wer Deutschland liebt, ist Antisemit!" Nicht mal ein Menschenleben hat es gedauert, bis der Antisemitismus wieder solche „Blüten" trägt. Und immer noch sollen „Juden ins Gas!" Beim alljährlichen „Al-Quds Tag" in Berlin skandierten palästinensische und Pro-Iranische Demonstranten: „Hamas, Hamas, Juden ins Gas!" und „Jude, Jude, feiges Schwein, komm heraus und kämpf allein!" Die Polizei lief den Demonstranten verlegen lächelnd hinterher und tat nichts.

**Eva Nickel**, geboren 1948 im Jüdischen Krankenhaus Berlin (West), aufgewachsen in Ost-Berlin (DDR). Ökonom- und Berufspädagogin. Lehrmeisterin bis Ausbildungsleiterin von kaufmännischen und schreibtechnischen Lehrlingen. Nach der Wende: 1991 Arbeit in der Jüdischen Gemeinde zu Berlin mit Kontingentflüchtlingen aus der Sowjetunion. Qualifikation als Sozialarbeiterin - spezialisiert auf „Posttraumatische Belastungsstörung". Sozialarbeit mit Shoah-Überlebenden (ambulant, stationär) bis 2013 hauptberuflich und seit sieben Jahren als berentete Sozialarbeiterin und freiwillige Helferin. Sie arbeitet zudem ehrenamtlich in der „Arbeitsgruppe Soziales" in der Vereinigung der Verfolgten des Naziregimes (VVN-BdA) und seit langem im Unionshilfswerk mit.

Auszug aus dem Konvolut „Briefe an den Schornstein",
verfasst von ihrer Mutter Alice Nickel, geborene Silbermann.

Chanukkaleuchter um 1920. Nach einer Odyssee von Berlin nach Australien
und retour, erhielt die Familie Nickel den Leuchter nach der Shoah zurück.

Foto, 2020. Sharon Adler.

Meine Großmutter Luise Nickel mit den jüdischen Frauen, denen sie immer wieder
Unterschlupf gab: Alice Löwenthal (spätere Nickel), Trude Raczkowski und Lotte Löblich.

Fotoaufnahme von Alice Löwenthal mit Selbstauslöser, November 1944.

# Eva Diamantstein

## Zeitsprünge

*1994 Mühldorf am Inn / 2004 -2005 Feldafing / 2015 - 2020 Berlin*

*„….Where is my bag?...“ „Have you seen Ronny…?“ „Mon mari arrive tout de suite...“ „Gyere végre…"Nice to see you…" „Is this your daughter? She is lovely…" „Je vous montre une photo de ma maison à Montréal…"Igen, egy szép…"Sehr nette Leute…"*

*Der Ausflugsbus steht schon eine Weile mit laufendem Motor bereit. Im Schatten der offenen Tür wartet der Fahrer. Auf dem Parkplatz fröhliches Gewusel, alte Menschen – Überlebende des ehemaligen Dachauer Außenlagers in Mühldorf am Inn - es dauert also, bis alle eingestiegen sind.*

*„Oui, ils sont adorables…" „Die Enkelkinder…" „He is studying in Paris…" „Hast du die Videokamera?..." „Tu penses à ton médicament, chéri… „There is a party tomorrow…" „Ja, die Stadt organisiert das…" „Tudod mikor…" „Und die Denkmalsenthüllung…" „morgen..." „Igen, azonnal..." „Is he one of our people?…" „No, he is from here, psychoanalyst…" „Come on now…"*

2004 – Feldafing. Friedhof: verwahrlost. Nur eine gehegte Hecke und keine Abgrenzung. Die Steine, wie ein Gartenweg ausgerichtet. Kleine graue Quadrate in regelmäßigen Abständen, vermoost, ohne Hinweis. Gras drüber. Das waren keine Krieger. In Kaufering haben sich Leichen gegessen.

*„Hier rechts sehen Sie eine Neubausiedlung. Dort war der ehemalige Krankenbau." Krankenbaracken (Wer zu krank für die Krankenbaracken war, kam nach Kaufering ins Quarantänelager). Dort drüben begann der eigentliche Lagerbereich – Weingut I. Erdhütten. Die Baracken waren in die Erde gegrabene Unterstände mit lehmverputztem Holzüberbau. Im Mittelgang konnte man beinahe stehen. Ein paar Stufen führten nach unten, da war dann die Tür. Nur die Dächer standen über. (Was war, wenn es regnete? Egal, jetzt ist hier sowieso Wiese und bald soll gebaut werden. Einfamilienhäuser. Die sind dann bestimmt wasserdicht)*

*Im Heimatmuseum Mühldorf gehört die oberste Etage dem ehemaligen Lager.*
*Es sind dort Fotos von Häftlingen bei der Arbeit ausgestellt. Kleidung. Essnäpfe. Improvisierte Löffel. Kleinere Gerätschaften. Ein Spaten. Im Stockwerk darunter Jagdtrophäen, antike Waffen. Ganz unten Heimatkunst und bayrische Bauernmöbel.*

Einer der Steine gehört zu Gyuri. Der war auch in Kaufering im Quarantänelager, am Ende. Und kam sogar noch ein Stück mit auf den Marsch. Den haben die Leichen nicht gegessen, aber er selber hat es probiert.

Dann ist er doch gestorben, zehn Tage nach der Befreiung am 9. Mai 1945. Er war siebzehn und Tibi hätte ohne ihn nicht überlebt, sagt er: „Wir haben alles geteilt. Wir sind in allen Lagern zusammengeblieben". Er war aus Targu Mures. Dass er eines Tages in Feldafing begraben würde, war nicht vorgesehen.

*„... Look at this..."* „Figyelj, Béla és én…" „Da gehen wir gerade los..." „C'est moi et Lazi..." „Where is the camera… it's for our grandchildren…" „C'est le chantier…" „You remember him…" „Csináltát Fotót?…" „y' a plus de filme…" „Aus den Dingern gegessen..." „Nem, még nem..." „Da ist Gyuri..." „Oui, j' t'avais dit de prendre un autre film…" „I will get it on video…" „Die warten schon…" „N'oublie pas ton foulard..."*

*Im Dorfgasthaus gibt es Nürnberger mit Sauerkraut. Schnitzel und Bratkartoffeln.*

Professor G. erzählt: „…Wir waren zusammen in der Wüste. Ein internationales Team von Wissenschaftlern, Geologen auf Forschungsreise. Eines Abends kamen wir auf seine Heimat zu sprechen. Er kam aus Bayern. Ich erzählte ihm, daß ich auch schon einmal dort war, in Mühldorf. Da ging er fort, wortlos. Ich wusste nicht, was mit ihm war, ob ich etwas Falsches gesagt hatte. Die ganze Nacht blieb er verschwunden. Wir alle haben uns große Sorgen gemacht. Am nächsten Tag kam er zu mir und begann zu erzählen: Dass er sich schäme, sagte er. Dass er nicht mehr daran gedacht habe - bis heute. Dass er in Mühldorf geboren und aufgewachsen sei. Dass seine Mutter jeden Morgen um fünf oder sechs Uhr sämtliche Fensterläden im Haus geschlossen habe und abends desgleichen. Es bringe Unglück, dahin zu schauen, habe sie gesagt. Aber er sei zu neugierig gewesen, habe doch heimlich durch die Ritzen gespäht - um die Verbrecher vorbeimarschieren zu sehen..."

Ich wüsste gern, welcher Stein zu Gyuri gehört.

*Die Straße führte ursprünglich tiefer in den Wald hinein. Laubwald. Urwald. Jetzt hält der Bus auf einem improvisierten Parkplatz, einer Lichtung. Von da aus gehen wir auf einem schmalen Waldweg zu Fuß los. Der Busfahrer will lieber bei seinem Bus auf uns warten.*

„... Unser Zug fuhr tagelang hin und her. Landsberg, Poing, Pasing, Tutzing, Feldafing, wieder Poing, Pasing. Immer hin und her. Einmal war Fliegeralarm und wir blieben stehen. Sehr lange. Die Wachmannschaft war verschwunden. Wir dachten, der Krieg wäre vorbei. Wir sind raus aus dem Zug. Dann kamen Wehrmachtsoldaten, die haben uns zusammengeschossen und die Übrigen wieder in die Waggons gesperrt. Irgendwann ging's weiter..."

Tibi ist 1995 gestorben. Kurz vor seinem Tod, sprechen konnte er nicht mehr (aus seiner Luftröhre ging ein Schlauch direkt in die Lungenmaschine), schrieb er mit krakeliger Schrift (er war schwach und sehr abgemagert, wurde seit Wochen nur künstlich ernährt, also im Prinzip, Salzlösung und Zuckerwasser) kleine Zettel, die er mir heimlich zuschob.

Alle Gräber, und manche sind auch größer, richtige Steine, die in die Höhe ragen, sehen aus, als seien sie schon seit Jahrhunderten dort. Schief im Herbstgras. Obwohl keines älter ist als sechzig Jahre. Die Toten des D.P.-Lagers Feldafing. Nicht nur Gyuri, dem ich meine Existenz verdanke.

*Der Fußweg ist eng und lehmig, von Wurzeln und Gestrüpp überwuchert. Wer hat schon das richtige Schuhwerk? (Damals hatten sie Holzpantinen an. Mit Glück, Stiefel. Die waren kostbar und wurden schnell konfisziert. Einige hatten gar keine Schuhe, aber der Weg war breiter und noch schwammiger und die Pantinen blieben mitunter im Morast stecken.)*

Auf den Zetteln bat er mich, für die Familie zu sorgen. Einige Ärzte bezeichnete er als besonders gefährlich. Ihnen sollten wir aus dem Weg gehen, sie möglichst nicht ansehen. Das Wichtigste, meinte er, wäre es, genug Brot zu organisieren. Er traute es mir zu, obwohl ich Mühe hatte, seine Schrift zu entziffern und ihn das ungehalten machte.

*„...Es gab Wassersuppe, da schwamm hin und wieder ein Schnipsel Kohlrübe herum, eine Kartoffelschale... Nach Kaufering haben sie ihn geschickt, als er zu schwach wurde. Er wusste was das heißt. Am schlimmsten war für mich, dass es ihm gleichgültig war...“*

*Nach etwa zwanzig Minuten erreichen wir eine andere Lichtung. Hier ist es schotterig. Es wächst kaum Gras. Die Lichtung ist groß. Im Zentrum sehe ich einen Hügel, der sich bei genauerer Betrachtung als überdimensionaler Betonbogen herausstellt, eine Art mit mickrigem Gesträuch bewachsener Hangar. Keiner macht Fotos für die Enkel. Ich halte mich abseits, weiß dass ich störe.*

*„... Wenn einer ausrutschte, fiel er in den flüssigen Beton, oder wurde von den Eisenstäben aufgespießt. Die Arbeit ging weiter. Manche wurden auch einfach in die Mischmaschine geworfen, wenn sie verletzt waren. Imre zum Beispiel...“*

Unter seinem Kopfkissen sei auch Brot versteckt. Ich solle es mitnehmen und gut verwahren, er könne es sowieso nicht mehr essen.

*„…Die Ausmaße eines solchen Bunkers mit fünf Etagen, von denen die unteren teilweise als Materiallager und Werkstätten, die oberste als Endmontagehalle und gleichzeitig auch als Startrampe dienen sollte, waren gigantisch. Das Gewölbe des zunächst auf 400 Meter Länge konzipierten Bunkerbauwerks, von dem nach zehnmonatiger Bauzeit ca. 226 Meter fertiggestellt waren, wies eine innere Spannweite von 83 Metern und eine Innenhöhe von 25,4 Metern auf…“*

Gyuri und Tibi ist das Betongrab erspart geblieben.
*Wortlos versammeln sie sich am rechten Hang des Hügels. Sie sehen verloren und geschrumpft aus: ein winziges Häufchen alter Männer. Dann beten sie gemeinsam. Selbst Tibi, der gar nicht religiös ist. Ich kann sie mir nicht in Häftlingsleidung vorstellen. Die Ehefrauen schauen vom Rand der Lichtung aus besorgt zu.*

Zwei Tage vor seinem Tod verlor er das Bewusstsein. Alle inneren Organe hörten nach und nach auf zu funktionieren. Trotzdem baten mich seine Ärzte, weiterhin mit ihm zu reden und gaben mir noch ein paar Notizen, die sie unter seiner Matratze gefunden hatten. Weitere Ratschläge fürs Überleben. Ich hielt seine Hand fest. Die Lungenmaschine hob und senkte seinen Brustkorb noch immer gleichmäßig. Nach einer Weile bat ich den Stationsarzt, sie abzuschalten.

Auf unserem letzten Spaziergang vor seiner Operation sagte Tibi, er habe trotz allem auch ein glückliches Leben gehabt. „Ich wollte ihnen beweisen, dass ich ein Mensch bin", antwortete er auf meine Frage, warum er in Deutschland geblieben sei.

### 2005 / Feldafing
Auf dem Friedhof in Feldafing führt ein Rentner seinen Hund aus. Gyuri wäre jetzt 78 Jahre alt, so wie auch Tibi. Der Hund pisst an die Grabsteine, kackt. „…Guter Ort für uns hier, ich muss nichts eintüten…"

### 2006 / Tutzing
Eine junge Musikerin ist verbittert darüber, dass ihr Bruder wegen einer Drogensache ins Gefängnis musste, sie vergleicht die Haft mit einer Deportation nach Auschwitz. Ich widerspreche ihr. Sie wird wütend, wir streiten: „Mit deinem Namen hätte ich schon längst Karriere gemacht. Euch schmeißt man doch alles nach."

### 2007
Im Zug. Ich sitze im Speisewagen, mir gegenüber ein Mann um die vierzig. Wir beginnen eine Unterhaltung. Es stellt sich heraus, dass auch er im Theater arbeitet, als Koch in einer Kantine. Er fragt nach meinem Namen. Oh, sagt er, tätschelt tröstend meine Hand, das macht nichts …

### 2015 / Berlin
Mein Student Jonas will mich davon überzeugen, dass die Rothschilds verantwortlich für die Globalisierung und für alle Ungerechtigkeiten des Kapitalismus sind … Ich schlage ihm eine Wette vor: wenn er mir dafür unwiderlegbare Beweise bringen kann, bekommt er 100 Euro…. Ich habe ihn nie wiedergesehen.

### 2019 / Berlin
Hisham, mein syrischer Student, mag die Juden nicht, theoretisch. Gerne würde er mal Hitler spielen: „… um die Deutschen zu verstehen…" Er wundert sich über die Deutschen: Man dürfe ja nichts Schlechtes über Israel und die Juden sagen, behaupten sie, aber... „Keiner mag die Juden", stellt er fest.

Ich stehe auf der Straße vor dem Laden, in dem ich zeitweise arbeite. Auguststraße, gegenüber der ehemaligen jüdischen Mädchenschule. Ein Nachbar langweilt sich, beginnt eine Unterhaltung. Ich frage ihn, ob er wisse, was mit dem eingegitterten Haus schräg gegenüber sei? Er wisse es nicht, sagt er, aber man munkele, dass es einem reichen Juden gehört, der es verfallen lässt…um die Deutschen zu strafen…. Er lächelt, verschmitzt…

Bei mir in der Straße gibt es ein sehr schönes Antiquariat. Drei große Schaufenster, Themenfenster. Die Auslagen wechseln oft. Im mittleren wurden bis vor kurzem Judaica und Bücher jüdischer Autoren ausgestellt. Nur dieses eine wurde eines Nachts eingeschlagen, die anderen blieben unversehrt. Seither gibt es keine jüdischen Schriften und Autoren mehr in den Schaufenstern. Hin und wieder versteckt sich eine zwischen den Biografien…

2019 / Halle…

Bin ich schockiert? Ja. – Und es ist schockierend, dass der Attentäter sich aus Frust gleich das nächstliegende Ziel sucht: kriegt man keine toten Juden, dann muss halt der Dönerladen nebenan als Ersatz herhalten. So wie ich schockiert bin, als in Hanau acht Menschen in einer Shisha-Bar erschossen werden. So wie ich schockiert war, als der Kasseler Politiker Lübcke ermordet wurde…

Bin ich überrascht? Nein. Es ist nicht neu, dass Nazis in Deutschland Menschen umbringen, denke ich. Die Liste ist lang und jeder kann sie im Internet einsehen. Ich habe sie mir noch einmal angeschaut, diese ununterbrochene Kette von rassistischen und antisemitischen Verbrechen. Nein. Antisemitische Verschwörungstheorien wuchern weiter, das Virus überlebt (oder ist es eine Autoimmunkrankheit? Eine genetische Deformation?) Unheilbar…?

Ja, auch ich schlafe schlecht, wenn ich an Deutschland denke. Ich bin besorgt, aber ich fürchte mich nicht. Ich gebe den Rassisten, Antisemiten, Pegidas, AFD-Brandstiftern usw. keine Macht über mich. Sie können mich zornig machen, mich dazu motivieren, sie mit meinen Mitteln zu bekämpfen, im Privaten, in der künstlerischen Arbeit und in der Arbeit mit meinen Studenten. Doch dass sie mir Angst machen, lasse ich nicht zu.

**Eva Diamantstein**, Berlin. Geboren 1954 in München, aufgewachsen in Berlin. Mit 14 Jahren verbrachte sie ein Jahr in Israel. Sie studierte Malerei in Paris Ecole des Beaux Arts und in Stuttgart, Kunstakademie. Seit 1985 ist sie als freie Regisseurin, als Dozentin an staatlichen und privaten Schauspielschulen, als Bildende Künstlerin und Autorin tätig. Seit Beginn ihrer künstlerischen Tätigkeit beschäftigt Eva Diamantstein sich intensiv mit der deutschen und jüdischen Geschichte. Unter anderem in Inszenierungen der Stücke George Taboris, dem von ihr geschriebenen und inszenierten Theaterstück „Nachtmahl", in dem sie deutsche Täterinnen thematisiert, dem Installationsprojekt „Hier liegt die Grenze des pädagogischen Bemühens" über Euthanasie (Kunst im öffentlichen Raum, München, 2005), in ihrem Gedichtband „Geh in ein Niemandsland", den Installationen für das „Trockenschwimmer-Festival" im Stadtbad Oderberger Straße und dem dort aufgeführten Minidrama „Im Bad". Ihr Vater starb 1995, ihre Mutter 2018. Beide sind auf dem jüdischen Friedhof in Weißensee begraben.

Familie Diamantstein, damals in Marosvásárhely.
Foto Kissenbezug: „aus der Aussteuer meiner Tante Diamantstein, Eva, deren Name ich trage."

Foto, 2020. Sharon Adler, Bildbearbeitung Grafische Werkstatt

## WUSSTET ihr nicht

wusstet ihr nicht dass euer Tod nicht schützt
dass weil ihr seid – sie in den Augen Messer lesen
wusstet ihr nicht dass sie sobald es geht
den Büßerhandschuh freudig in die Ecke werfen
dass wir ihn essen weil wir schamhaft sind
bis wir am tausendmal erbrochnen Fraß ersticken
wusstet ihr nicht dass keiner euch vermisst
dass wir für sie die Echowesen sind die Ketten
und sie nur ruhen wenn wir grausam sind
wusstet ihr nicht dass in der Suppe Zeit wir jetzt
das Haar sind das sie grämlich macht
und sie die Zähne aneinander wetzen wenn sie lachen
wusstet ihr nicht?

*Aus: **Eva Diamantstein – Geh in ein Niemandsland***
*Gedichte, Seite 103. Berlin 2008*

**DAS Land in dem ich lebe speit mich aus**

von Tag zu Tag
spei ich mich selbst aus diesem Land hinaus
kratz an der angstverschorften Wunde rum
die seine ist
und die stets neu an meinem Kratzen bricht
weil's meine ist und ich's nicht lassen kann
es würgt an mir
und ich an seiner Unversöhnlichkeit
die sich so oft als Liebeswerben tarnt
ich bin das Mal
in seinem blauen Margarethenblick
ein Eiterfleck der doppeltblind verschweißt
und unheilbar
den Schädel hinterm Lächeln offen reißt


*Aus: **Eva Diamantstein – Geh in ein Niemandsland***
*Gedichte, Seite 107. Berlin 2008*

# Sharon Adler

## Denk' ich an Halle in der Nacht

Als am 9. Oktober 2019, zu Yom Kippur, ein rechtsextremistischer, antisemitischer 27-Jähriger einen Mordanschlag auf die Menschen in der Synagoge der Jüdischen Gemeinde Halle (Saale) verübt hat, einte der Schock jüdische und nichtjüdische Menschen im ganzen Land. Die Stadt selbst wurde in den Tagen und Wochen danach zu einem Ort der Anteilnahme und der Solidarität. Das Foto von den Einschusslöchern an der Synagogentür dokumentiert, wie oft der Täter ungehindert immer wieder versucht hatte, seinen Plan auszuführen. Diese einfache Tür, die nun symbolhaft für die Verletzbarkeit jüdischen Lebens in Deutschland steht, hat den Schüssen standgehalten.

Das Attentat bestimmte die Schlagzeilen aller Medien und war Thema Nummer 1 in den Nachrichten. Doch obwohl das feige und mörderische Attentat die Grenzen des Vorstellbaren bei weitem überschritt, ist es nur eines von insgesamt 1.253 antisemitischen „Vorfällen" im Jahr 2019, die der Bundesverbands der Recherche- und Informationsstellen Antisemitismus (Bundesverband RIAS) e.V. in seinem am 6. Mai 2020 veröffentlichten Jahresbericht dokumentiert hat. Ihnen wurde in dem Maße nicht die gleiche mediale Aufmerksamkeit gewidmet. Wäre das so, müsste täglich von antisemitischen Attacken berichtet werden.

Denk' ich an Halle in der Nacht, frage ich mich: Wo stehen wir heute? Noch während ich diese Zeilen schreibe, erfahre ich, dass die reformjüdische Synagogengemeinde Halle-Trotha einen Drohbrief erhält, vor der Synagoge der Jüdischen Gemeinde Halle (Saale) zwei Hakenkreuze deponiert werden, und es dem inhaftierten Attentäter gelingen kann, einen Fluchtversuch zu machen. Bis heute sind die Jüdischen Gemeinden nicht ausreichend geschützt. Halle ist überall. Als Lektorin und als Fotografin habe ich dieses Buch von Anfang an begleitet. Die Arbeit daran war persönliche Bereicherung und Herausforderung gleichermaßen. In den Gesprächen mit den Autorinnen wurde vor allem eines deutlich – sie alle waren schockiert oder auch wütend – überrascht jedoch war keine von ihnen. Zuviel ist in diesem Land auch nach 1945 passiert, das die Hoffnung auf ein sicheres jüdisches Leben ohne Polizeischutz immer wieder erschüttert hat. Jede einzelne Autorin wusste von persönlichen wie kollektiven antisemitischen Erfahrungen zu berichten. Alle Autorinnen teilen das Bewusstsein, dass jederzeit und überall Ähnliches oder Schlimmeres passieren kann. Jede einzelne Autorin war in ihrem Leben bereits mehr als nur einmal konfrontiert mit Alltagsantisemitismus, der in diversen Formen vorkommt und in allen Gesellschaftsschichten zuhause ist. Neben ihren Beiträgen haben die Frauen auch persönliche Gegenstände für „Halle ist überall – Stimmen jüdischer Frauen" beigesteuert, Gegenstände, die einen direkten Bezug haben zu ihrer Familiengeschichte.

All diese Gegenstände stehen heute symbolhaft für Verlust und Verfolgung, für Trauer und Glück, für Verzweiflung und Hoffnung. Für das Leben nach dem Überleben. Dies sichtbar zu machen, war mein Anliegen als Fotografin. Während ich die mir anvertrauten Schabbat- und Chanukka-Leuchter, eine Haggada, Gebetbücher, Briefe, Dokumente, Fotografien und Schmuckstücke in meinem Fotostudio arrangiert und ausgeleuchtet habe, war ich jedes Mal berührt von der Geschichte, ganz besonders aber von dem verschlissenen Stoff des Gelben Sterns, den Renate Aris als junges Mädchen zu tragen gezwungen war.

Als die Herausgeberin und Verlegerin Nea Weissberg und ich begannen, an "Halle ist überall – Stimmen jüdischer Frauen" zu arbeiten, standen wir noch unmittelbar unter dem Eindruck des Attentats in Halle. Dann kam die Corona-Pandemie und mit ihr wurden altbekannte antisemitische Verschwörungs-Mythen verbreitet. Instrumentalisiert wurde dabei auch, und das ist besonders perfide, der "Gelbe Stern".

"Halle ist überall – Stimmen jüdischer Frauen" bildet exemplarisch die Lebensrealitäten, die Gedanken, Erfahrungen und Perspektiven jüdischer Menschen heute ab und will dadurch Impulse für jüdische und nicht-jüdische Leser*innen liefern.

**Sharon Adler** wurde 1962 in Berlin-West geboren. Sie ist Angehörige der Zweiten Generation nach dem Holocaust, aufgewachsen in Berlin, NRW, Holland, und Israel (wo ihre in Berlin geborene Großmutter nach der Immigration Blindenhunde ausgebildet hat). Ihre 1935 in Berlin geborene Mutter überlebte den Holocaust versteckt bei einer Familie in Holland. 2000 gründete Sharon Adler das Frauen-Online-Magazin und Informationsportal AVIVA-Berlin, das sich für die Sichtbarmachung von Frauenbiografien, und gegen Antisemitismus, Rassismus, und Sexismus einsetzt.
Als Reaktion auf das Attentat in Halle zu Yom Kippur hat sie 2020 das AVIVA-Interview- + Fotoprojekt "JETZT ERST RECHT! STOP ANTISEMITISMUS" ins Leben gerufen, das die Erfahrungen, Perspektiven und Forderungen jüdischer Menschen zu Antisemitismus in Deutschland abseits der Statistiken sichtbar machen will. Seit 2013 engagiert sie sich ehrenamtlich als Vorstandsvorsitzende der Stiftung ZURÜCKGEBEN. Stiftung zur Förderung jüdischer Frauen in Kunst und Wissenschaft. 2012 wurde sie als Herausgeberin von AVIVA-Berlin mit dem Berliner Frauenpreis ausgezeichnet.

Teekessel aus Kupfer und Dromedar aus Holz, aus dem Besitz der Mutter von Sharon Adler, Israel, 1950er Jahre; Portraitfoto, Ring und Parfumfläschchen der Urgroßmutter von Sharon Adler, Berlin, Anfang der 1920 Jahre.

Foto, 2020. Sharon Adler.

Ein Gedanke von Romina Wiegemann, der mich berührte.

„Ich mache die Augen zu und stelle mir vor, die Welt würde im Widerstand gegen menschengemachte Gewalt wie Antisemitismus und Rassismus nur einmal, ein einziges Mal, auch nur annähernd so (wie in der derzeitigen Corona-Krise) in Wallung geraten." (Auszug aus ihrem Beitrag „Empfinden Sie Hass?")

## NACHWORT

Unser Buchprojekt war im Entstehen, da erklärte am 11. März die WHO die bisherige Corona-Epidemie offiziell zu einer Pandemie. Während die Artikel sich mit den individuellen antijüdischen Unrechtserfahrungen auseinandersetzen, soll das Gedicht CORONA der Shoah-Überlebenden Halina Birenbaum aus Israel das Leid der ganzen Welt zum Ausdruck bringen.

 In diversen deutschen Städten demonstrierten Menschen gegen die Corona Virus-Lockdowns, die im internationalen Vergleich „Lockdowns light" waren. Dabei hefteten sich manche Demonstranten „gelbe Sterne" an die Brust, darauf die Aufschrift „Ungeimpft" in graphischer Anlehnung an den „Judenstern" der Nazizeit: ein faustgroßer sechszackiger Stern aus gelbem Stoff, darauf in schwarzer Schrift „Jude" (in einer dem Hebräischen entlehnten und verfremdeten Schreibweise).

„Das ab dem 19. September 1941 verordnete sichtbare Tragen des nach Vorschrift auf der Oberkleidung fest angenähten „gelben Sternes" mit der erkennbaren Aufschrift „Jude" machte uns ab dem sechsten Lebensjahr zum Freiwild," schreibt die Shoah-Überlebende Renate Aris in ihrem Beitrag „Ich sang die haTikwa, da waren meine israelischen Freunde noch nicht geboren."
Die Zurschaustellung des „gelben Sternes" und Plakate mit der Aufschrift „Ausgangsbeschränkungen sind sozialer Holocaust" banalisieren nicht nur die judenfeindlichen Restriktionen während der Zeit des Nationalsozialismus, sondern verhöhnen die Opfer des Mordes am Jüdischen Volk und ihre Nachkommen.

Parallel zur verstärkten Verbreitung von Verschwörungstheorien im Internet wurden altbekannte Vorurteilsbilder eingesetzt, die „den Juden" als Kontaminationsquelle und Infektionsträger darstellen. Die implizierte antisemitische Konnotation „dreckiger Jude" – ein Schimpfwort aus der Nazizeit, ist gewiss intendiert.

Erfreulich ist, dass die Stadt München das Präsentieren des „gelben Sterns" bei Demonstrationen verboten hat.

Nea Weissberg im Juni 2020

## Corona

Es zeigt sich, dass wir
leben können
Ohne die vielen „notwendigen" Dinge
Gewohnheiten
Wörter
Sprachen
Freiheit Nähe Ehrgeiz EGO
Wir können verzichten, auskommen ohne
Ersatz zu finden
uns größer oder kleiner machen
je nach eigenen und allgemeinen Erfordernissen
Angesichts des Grauens
Nicht zu sein (ohne Gaskammern)
Aus Allmacht einer tödlichen Krankheit
Weltumfassend und bei allen zugleich
Plötzlich gibt es keine Grenzen mehr im Raum
In der Luft im Himmel
In unseren eigenen Körpern
Für den unsichtbaren allmächtigen
Virus – ein Wort, das die Menschheit
auf dem ganzen Globus eint:
C O R O N A.

**Halina Birenbaum, Herzliya im März 2020**
*Übersetzung aus dem Polnischen: Gabriel Berger*